如果柏拉图
有播客

[英] 马克·弗农（Mark Vernon）◎著

谢章义◎译

SPM 南方传媒 | 广东人民出版社

· 广州 ·

图书在版编目（CIP）数据

如果柏拉图有播客 /（英）马克·弗农著；谢章义

译 . -- 广州：广东人民出版社，2025.7. -- ISBN 978-

7-218-18652-8

Ⅰ. B502.232-49

中国国家版本馆 CIP 数据核字第 2025TB5918 号

著作权合同登记：图字 19-2025-126 号

©Mark Vernon 2009 together with the following acknowledgment: This translation of *Plato's Podcasts: The Ancients' Guide to Modern Living* is published by Beijing Standway Books Co., Ltd. by arrangement with Oneworld Publications through Bardon Chinese Media Agency.

RUGUO BOLATU YOU BOKE

如果柏拉图有播客

[英] 马克·弗农 著　　谢章义 译

出 版 人：肖风华

责任编辑：陈泽洪　宁有余
责任技编：吴彦斌
装帧设计：仙境设计

出版发行：广东人民出版社
地　　址：广州市越秀区大沙头四马路 10 号（邮政编码：510199）
电　　话：（020）85716809（总编室）
传　　真：（020）83289585
网　　址：https://www.gdpph.com
印　　刷：天津中印联印务有限公司
开　　本：880mm×1230mm　1/32
印　　张：7.5　　字　　数：175 千
版　　次：2025 年 7 月第 1 版
印　　次：2025 年 7 月第 1 次印刷
定　　价：59.00 元

如发现印装质量问题，影响阅读，请与出版社（020-87712513）联系调换。

售书热线：（020）87717307

谨以此书纪念保罗·弗莱彻（Paul Fletcher），
他把哲学及所有美好都归还给生活。

致　谢

虽然似乎已经太迟了，但我还是要感谢本书引用的那些古代作家，既包括那些卓越不凡、遭人遗忘、不寻常的哲学家本人，也包括那些记录哲人言行的作家，尤其是第欧根尼·拉尔修（Diogenes Laertius）。另外，许多研究古代思想的当代学者也为我提供了无价的帮助。

我要特别推荐一套雅俗共赏的书籍，Acumen 出版社的"古代哲学"（Ancient Philosophies）丛书。它们是一流的读物，并且填补了图书市场上相关书籍的空白。此外，我在写作的过程中，会随时翻阅这几本书：约翰·塞拉斯（John Sellars）的《斯多葛主义》（*Stoicism*）、威廉·德斯蒙德的《犬儒学派》（*Cynics*）、詹姆斯·华伦（James Warren）的《前苏格拉底哲学》（*Presocratics*）、鲍琳娜·雷姆斯的（Pauliina Remes）的《新柏拉图主义》（*Neoplatonism*）。本书阐述的核心理念是，把古代哲学视为实践活动、生活方式和思想内容，主要借鉴了皮耶·哈铎（Pierre Hadot）的《何为古代哲学？》（*What Is Ancient Philosophy?*），该书文字清晰、富有深意。特雷弗·库尔诺（Trevor Curnow）的《古代世界的哲学家：指南大全》（*The Philosophers of the Ancient World: An A–Z Guide*）是相当便利且内容翔实的参考书，列举了两千三百多位哲学家；他还有一篇短篇论文《古代哲学与日常生活》（*Ancient*

I

Philosophy and Everyday Life）使我获益良多。此外，《认识古希腊哲学家：你想要知道却又不知从何问起的古希腊哲学》（*Meet the Philosophers of Ancient Greece: everything you always wanted to know about antient Greek philosophy but didn't know how to ask*）当中有许多值得一读的短篇论文，该书由帕崔希亚·F.奥葛雷蒂（Patricia F. O'Grady）编著，内容其实没书名那么孩子气，所有的古希腊、古罗马文本的翻译都取自权威材料，特别是第欧根尼·拉尔修的材料取自于"洛布古典丛书"（Loeb Classical Library）中R. D.希克斯（R. D. Hicks）所译的《哲人言行录》（*Lives of Eminent Philosophers*）。另外，值得注意的是该书中莎芙诗歌残篇的翻译是取自诗人兼古典学者安妮·卡森（Anne Carson）。

我还要感谢Oneworld出版社，尤其是促成本书出版的麦克·哈普利（Mike Harpley），感谢约翰·塞拉斯（John Sellars）、麦克和一位不知名的读者在本书的初稿阶段提供了相当宝贵的意见。我还记得本书的灵感来自和丹·班亚德（Dan Bunyard）的对话交流，我再次感谢他。

引　言

历史上曾经有过好几个令人感到一切都瞬息万变的时代。一个时代的经济繁荣能否延续到下一代都是未定之数；国际的势力均衡也有着戏剧性的更替，新的政治势力抬头之时，就会导致旧的共识陷入困境；突如其来的科学进步会改善一般人的日常生活，却又同时令大家感到惊讶不安。普罗大众通常在这样的时刻会更加患得患失，因而猛然陷入道德恐慌，同时对他人失去信赖，意识形态趋向原教旨主义。

在这样的时代中，也有一些独特人士受到启发而进行深刻的探索，这些稀有的灵魂再度探问人类的本质、繁荣的意义，他们的探求形成了深刻的洞见。其中有些人不时打造出全新的人生哲学，足以让追随者延续发展好几个世纪。

在柏拉图及其同侪所处的时代，这样的人物可谓俯拾皆是。爱智之学——哲学诞生于这动荡的历史时期绝非巧合，当时一场又一场的战争此起彼伏，民主制度奠定后又面临瓦解。第一批哲学家探求万物的本质，质疑诸神，鼓励他人反省这纷繁的人生应该如何过。他们或许知道自己正在成就一番事业，不过想必没料到，他们的观点会融入后世的思想传统，由追随者实践长达千年，即便是在基督教诞生之后，我们至今仍会列举、反思他们的看法从而认识他们。

我们很有理由认为自己正身处另一个变动的时代。2008 年银行体系崩盘，引发金融海啸。这个事件所带来的不确定性，对消费主义（Consumerism）造成的挑战，促使数百万大众重新思考他们的人生。而且我们应该从更宏观的角度来看待一切：国际势力均衡的焦点从西方转移到东方；多元社会兴起后，日常生活中就会遇到和自己信念不同的人；还有气候变迁所带来的毁灭性影响。这么说吧，现在正是思考一切究竟是怎么回事的大好时机！而其中一种做法就是追溯思想的源头。那么，究竟什么是古代哲学？

我们需要先注意这件事：柏拉图（Plato）撰写了对话录（Dialogues）。对话录描绘了许多真实的角色，这些角色致力在错综复杂的对话中发展出他们对生命的理解。只要你好好思考这件事就会为之惊讶。你可能会认为哲学家跟牛顿（Isaac Newton）一样，是要获取无懈可击的证据，而非像莎士比亚（Shakespeare）那样撰写文学作品，巧妙地藏身于戏剧之后。所谓的现今哲学研究不外如是。不过正如我们所知，柏拉图不曾写过单一的论文、专著。

柏拉图这么做的理由是：好的对话能引发读者反思自己的想法。此外，对话还会吸引读者置身其中，读者会权衡的不单是理性，还涉及了感受、信念、个性、习惯等。紧接着就听到挑战的声音：你打算改变吗？由于对话体类似戏剧或小说，关乎的不仅是人们脑中思考的理性内容，也包含他们的生活方式，涉及他们的身体及灵魂。因此，阅读对话录也会使人反省自己活得如何。对话录也许可以被称为指导手册：一本可能性的书，把你所有的选择加以呈现，也对你该如何选择给出解答。

柏拉图的对话录极其成功。在他或他的记录人于公元前 390 年左右用羽毛管在莎草纸上书写之前，写作已经存在好几个世纪。不过在那之前不久，文章写作才取代了史诗，成为大家交流想法的首选方式。对话开拓了一种新技术。个人阅读对话后，将对话复述并推荐给朋友。类似当今网络上的播客（Podcast），对话录犹如电波般在整个古代地中海世界散布思想，带给人们更多期待。对话录是从事哲学的催化剂，也是传播思想的载体，能使人仔细思索它们传达的"时髦"的生活之道。

我们探讨古代的希腊人、罗马人对当今的人生有何见解，考虑的就不仅是柏拉图的"播客"，我们将会以同样的方式面对更多其他重要角色：虽然这本书本身并不是对话录，不过依然算是哲学家之间的对话，通常会伴随着争论，因为他们对于何谓美好人生会有分歧。

他们声称自己拥有言论自由，亦即希腊语的"parrhesia"，有权说出内心想法，以穿过欺骗的迷雾达致真理。这在古代是罕见的技巧，古代政治的教导是：如果不能坦率地说话，那不如别说，不然你就会死在这样的坦诚底下。公民通常只会预期得到两种人的坦诚以待，其一是他的妻子，另外一位是哲学家。这些哲学家当中，某些人的言论略为疯狂，某些人的言论又能改变历史的进程。有些哲学家会住在一起形成社群，他们会实践某种生活方式，在他们眼里，人生实践和自由思考密不可分。仅仅在嘴上讨论哲学，就好比买了本食谱却从不下厨。若说证明布丁味道的方式是吃掉它，那么证明哲学观点的方式就是生活。

哲学家们惯于把思想说成是治疗处方，好几个世纪以来设计了一系列不同的疗程，对应于不同的思想学派：逍遥学派（Peripatetics）、斯多葛学派（Stoics）、犬儒学派（Cynics）、伊壁鸠鲁学派（Epicureans）及其他学派。自公元前 5 世纪起，雅典公民拥有的选择可谓相当多样，能够找到某位宗师拜入门下，从而发展出自己的人生哲学。有些较为极端的宗师会要求人们过着身无分文的生活，或是要人在热沙中打滚、住在木桶里……其余宗师的要求则是难得不得了，需要门徒彻底重新塑造看待事物的观点。哲学可以说是一门非常艰深的学问。不过，要是哲学困难的理由只是它本身变成了机械或抽象的学问，正如学院派哲学演变至今所碰上的危机，那么哲学很可能已经忽视了原初的目标。

换言之，伟大的哲学家不仅仅是善于高谈阔论的人物。他们相当独特且稀有，既思路清晰、见事透彻，又可以正确地行动的人。在许多古希腊人眼中，苏格拉底（Socrates）就是如此与众不同的人物。这也是苏格拉底不单是伟大的智者，同时也是标志性人物的原因。用卡尔·雅斯贝尔斯（Karl Jaspers）的话来说：苏格拉底的重要性可比耶稣（Jesus）或释迦牟尼（Buddha）。苏格拉底是先知，他的人生挑战了自己的时代，也对我们的时代造成影响。

当然，苏格拉底也引来了批评者，有些人只会优先联想到他无可否认的古怪特色：苏格拉底不穿鞋，能够喝酒喝到天亮却不会醉，拒绝了俊美的雅典人，也许并不令人意外的是他的妻子很厌恶他。但重点是，他的生平和他的思想一样广为人知。

古代哲学家们的探索、习惯、遭遇、对话等故事是古典时期和中世纪时期的常见主题。第欧根尼（Diogenes）要亚历山大（Alexander）闪开别挡住阳光；塞孔杜斯（Secundus）之所以终身遵守静默之誓，显然是由于和母亲发生了难以言说的冲突；希帕嘉（Hipparchia）明明可以嫁给任何人，却选择嫁给一个长相与生活都像干瘪树枝般的丈夫。还有人因其聪敏而受到折磨，也有人得像奴隶般工作，或是逃离他们所冒犯的暴君，或是死于各种横祸、不得善终。这些并非只是博君一笑的趣闻，虽然有些确实有趣，这些轶闻仍比杜撰的神话要可靠，尽管流传至今的传说通常会美化故事中的哲学家。这些哲学家的生平记叙所要传达的信息就是——他们的为人处世和一生中说过的言论同样通俗易懂。

第欧根尼·拉尔修（Diogenes Laertius），这位如今地位变得越发重要的作家深明此理。他是 3 世纪的人物。当他决定要编纂古代哲学家的记录时，很自然地去搜集轶闻故事来完成哲人们的生平记叙。不过显然有些拉尔修于《哲人言行录》（*Lives of Eminent Philosophers*）中拼凑在一起的记载并不可靠。虽然这部著作内容可疑，不过饶富兴味，也能传达丰富的真理，而且许多内容的阐述方式简明易懂。人称"法国苏格拉底"的 16 世纪文学家蒙田（Michel de Montaigne）这么说：

"我很遗憾世上没有出现更多第欧根尼·拉尔修，他也未能更广泛、明智地推销自己，因为我认为这些人类伟大导师的人生际遇和他们的理念学说同样值得重视。"

我们在本书中将会检视古代导师的生平际遇，某些是最为重要的哲学家，也有某些时常遭人遗忘的，还有某些称得上稀奇古怪的，目的是借着回顾他们来反省自己的人生。当我们正努力解决重要的问题时，可以请这些哲学家为我们提供建议，从而建构出自己追求的生活之道。

当然，有人会认为向古人寻求当今生活的指教虽然有趣，却是一种时代错乱。他们面对的问题不是和我们极为不同吗？他们的解决之道以如今的标准而言，难道不会过时、站不住脚或令人生厌吗？那好，请自己试着思考是谁写了这句话："如今的大众偏好消费的生活，追求享乐、财富、名望。"这出自两千五百多年前的亚里士多德（Aristotle）。或是听听这段话：

既然统治者是靠着积聚大量财富而掌权，就不会想用法律禁止年轻人的奢华，不会去阻止人们浪费金钱、自甘堕落。统治者的企图是贷款给这些不明智的年轻人，或是收买他们的产业，以便增加自己的财富和影响力……那些只爱赚钱的人终日孜孜为利，无论到哪里都只顾着把贷款的毒饵抛撒出去。

这段话出自柏拉图，而且所描述的情况看起来并不陌生。这世界、历史之中，的确是有着能使人类和空间产生极大差距的变革。不过，仍有许多颠扑不破的事理，也许在人生伟大真理的领域中更是如此，让如今的我们依然能好好了解其中的道理。

事实上，古代学派的千差万别也具有很多益处，因为陌生的背景正好能表现出他们亘古不变、历久弥新的洞见。伊壁鸠鲁学派认为多数困扰我们的欲望并非源自必要之物，更多的是我们自以为自己需要；怀疑论者（Sceptics）的洞见是，我们多数的忧虑源于自己想用那永远不可能达到的确定观念决定一切；犬儒学派的信条也值得我们深思——越是背离自然，人生就会变得越糟；斯多葛学派的见解则是，当我们过着融入宇宙整体的生活，人生就会变得更美好。

古代哲学相当引人注目，其实还有另一个原因——古代哲学能够激动人心是因为创始者皆是极为受人钦佩的人物。皮罗（Pyrrho）成功地让自己对城市生活间的闲言碎语毫不动心；伊壁鸠鲁因其谦逊和勇气引发了某种个人崇拜；苏格拉底受人喜爱不是因为他的言论（他毕生没有著述），而是因为他试图激励人们向善。他们的精神至今被传颂了好几个世纪，正如最后一位非基督徒的罗马皇帝尤利安（Julian）的说法：这些学派"从某种意义来说，称得上是普世哲学"。许多寻常百姓——不仅是男人，还包括女人和奴隶都献身于此道。哲学是关乎饮食男女、起居住行的学问，据此做出正确的选择，更清醒地思考，来确保美好的人生。

　　除了上述这些珍贵的遗产，我们还会从生于苏格拉底之前的两位人物开始介绍，以苏格拉底这位伟大的人物作结尾，至于其他人的探讨大致上就依照历史年代依序进行。我们也会从他们历史上确有其事和虚构添加的生平记载中，挑出能够带来深刻理解的内容。他们虽然是古代人，但应该还是能够跟我们谈谈现代的生活。

目　录

第一章

追求意义的毕达哥拉斯

让数学几何带我们洞悉生命秩序

人类生来就会追求意义。就像商店售货员会把店内各种商品一一标价，我们对各种人、事、物、地点的价值都会加以评断。人类这种动物一生的所作所为都是由意义所主导，至死不渝。虽然我们并不清楚鲸鱼是否会发现同伴的歌声很美妙，或者蜜蜂在花丛间嗡嗡作响时是否能感知花朵的精致，不过这些都是我们的直接感受。意义是我们生活的一部分，也是一切的基础；生命若没有意义，任何人生指引都无从谈起。

　　许多人在当代生活中质疑人生的意义，甚至加以嘲弄："人类只不过是被自私的基因玩弄。""爱情仅仅是荷尔蒙刺激大脑的产物。""有理有序的宇宙不过是幻觉，自然界根本没有目的性可言。"既然对这个世界不抱期待，那么一切不过是虚幻的表象。进入了价值失落的20世纪，正好是尼采（Nietzsche）所揭示的"上帝已死"。尼采并不是单纯主张神性丧失了，因为他从不认为神性存在，更确切地，尼采是说"我们使地球和太阳脱钩了"，大家在"无尽的虚无中迷失"，人生好似被虚无之气侵袭而变得"寒冷"。

　　古典哲学诞生的时代同样也被忧郁的氛围笼罩着，辩士普罗泰格拉（Protagoras）也宣称他无法确知诸神是否存在，然而万事万物仍然有价值的话，那么结论肯定就是"人是万物的尺度"。又或者，看看剧作家欧里庇得斯（Euripides）在《特洛伊妇女》（*The Women of Troy*）中借赫库芭（Hecuba）之口所唱的祷词："宙斯！无论汝为何者，既已守护大地，君临其上，则不分人智、天常，俱是神秘而不可知。"若是把"宙斯"替换成"上帝"，这便是一段当代"不可知论"的祷词。

不过，包括柏拉图在内的某些人持反对意见，他们坚称"人生本身确实有意义"。至少对绝大多数人而言，我们可以活在这个世界上可真是令人惊叹。然而他们能拿什么出来证明呢？对此，柏拉图等人诉诸的是某位前人的见解。这位前人及其追随者认为：科学本身就是一种揭示意义的活动。事实上，科学越是纯粹，其洞见越发深刻——这就是他们如此热爱数学的原因了。这位前人就是毕达哥拉斯（Pythagoras）。

纵使有诸多古代哲学家特立独行的事迹流传至今，却没有比毕达哥拉斯及其追随者更奇怪的人了。毕达哥拉斯很神秘，许多学者曾说过，他是个活脱脱的神话人物，后来也对他的轶事表示怀疑。举例来说，谣传毕达哥拉斯的大腿是由金子组成，而且能够听到河川对他说话，据说他拥有图像式的记忆能力，能够回忆起任何人生经历过的种种细节——甚至包含前世，因为他相信灵魂转世。据说这种记忆力是神使赫尔墨斯（Hermes）所赠。

毕达哥拉斯对食物也很吹毛求疵，特别讨厌红鲱鲤和它的卵；他建议大家在冬天做爱，而非夏天。然而，如果想追随他，只需要遵守以下戒律：未入门的弟子一开始需保持静默五年，然后在见不到本人的情况下听他演讲，因为毕达哥拉斯跟蝙蝠一样，只在夜间传授他的思想。

若是前往毕达哥拉斯的出生地——现今爱奥尼亚的萨摩斯岛（Samos），就可以知道历史中确有其人。萨摩斯岛的主要城镇名为毕达哥里欧（Pythagorio），来访的旅客在码头上就能看到这位公元前 6 世纪的哲学家兼数学家与音乐家的雕像。这座雕像本身的结构以几何形状呈现，非常迷人。这尊哲人雕像一手指向他头顶上方的顶角，从而构成了直角三角形，恰好反映出以他名字命名的"毕达哥拉斯定理"；而雕像的铜制基座则有段赞颂宇宙和谐的铭文，也就是所谓的"天体之音"（music of the spheres）。

这里曾是爱琴海（Aegean Sea）最富庶的小岛之一，邻近小亚细亚（Asia Minor）属于现今的土耳其（Turkey）。有一则流传的故事是年轻的毕达哥拉斯沿着地中海（Mediterranean）旅行，根据第欧根尼·拉尔修的记载："他与迦勒底人（Chaldeans）、袄教祭司（Magi）一起旅行"，然后寻向去了太阳神"拉"（Ra）的国度埃及。他在这里发现了神秘主义结合几何学的崇高象征吉萨大金字塔（Great Pyramids of Giza）。金字塔让毕达哥拉斯毕生着迷。他开始相信球体和圆形是最美的，因此大地和天体必定也是球形，而非时人设想的圆柱体或平面。他也开始认为偶数能联想到女性、圆形、柔和，奇数则联想到男性、尖角、不规则，这种想法听起来很疯狂，不过你迟早会注意到奇数通常的确相当"奇怪""特别"。举例来说，除了 2 以外的所有质数都是奇数，而质数就是只能被自身和 1 整除的数字，这的确很特别。

毕达哥拉斯在某个时间点返回了萨摩斯岛，只不过，当他发现这座小岛于他离开期间被僭主波利克拉特斯（Polycrates）占领，随即逃去了意大利的克罗顿（Croton）。他在克罗顿建立了一个社群，以严格的饮食戒律、致力于数学研究和神秘的宇宙冥想而闻名于世。

真正的毕达哥拉斯已经消逝于历史之中，他的事迹、形象可能是由各种逐渐累积的虚构故事拼凑而成的。再度回想一下他饮食上的禁忌，豆子在这些传说中一直出现，使我们不禁产生了一个疑问：为什么豆子是禁忌？毕达哥拉斯说过，从实际的理由来说，不吃豆子是因为豆子会导致肠胃胀气；美学上的理由是豆子看起来像睾丸；神学上的理由是豆子看起来像"哈迪斯之门"（gate of Hades）——通往古希腊的地下世界，毕达哥拉斯自称曾到访过；政治上的理由是选举中会使用豆子，而选举导致寡头政治；医学上的理由是豆类"分走了太多生命之息(breath of life)"——这指的是"放屁",如此委婉的说法是多么精妙呀!

豆子也使得毕达哥拉斯自取灭亡。根据某则其人生末路的记载:他在屋子里接见追随者,这时一个他所蔑视的当地独裁者塞罗(Cylo)派人放火烧屋。对毕达哥拉斯的门徒来说,忠诚比什么都来得重要,也许忠诚正是他们在成为毕氏追随者的训练期间,跨过重重障碍修炼而得的成果。于是众门徒组成了一道保护宗师的屏障,自己则被严重烧伤。毕达哥拉斯脱逃了,他几乎毫发未伤地逃到长满豆子的原野,却拒绝通过,结果就是他被塞罗的暴徒逮到,然后被割破了喉咙死去。至今我们对毕达哥拉斯所知的相关史实当中,也许这段他对于豆子、豆荚宁死不屈的记录是最可靠的一件。

无论历史真相如何,显然毕达哥拉斯这个人物已经成为许多不同族群的人所着迷的对象。古罗马人把他当成属于罗马的哲学家来纪念,因为他在意大利的土地上生活过。文艺复兴时期那些爱好美学的灵魂把他联想成拟人化的音乐之神"慕西卡"(Musica),因为他很可能在拨弄"一弦琴"时发现了音乐和数学之间的关联:如果把琴弦压住一半,这时拨响的音符就会正好比原来的音程高八度。

毕达哥拉斯学派认为,数学是揭开表象、认识事物本质的必要手段。数学的对称性、形式、计算都传达了深刻的现实真理。数学就某种角度来说是超越经验的存在(transcendent):"一加一等于二"无关乎我们是否存在,甚至宇宙是否存在。因此,据说毕达哥拉斯发现了那知名的勾股定理,还为此在祭坛前供献了一头牛,这听起来似乎就不足为奇了。因为人类已经获赠了通往天上诸神的窗口,毕达哥拉斯已经窥见万事万物的真正意义。

柏拉图本人也一直延续着毕达哥拉斯学派的理念,认为数学是我们了解宇宙万物的基础。柏拉图和毕达哥拉斯学派最为接近的时刻，是在他所著述的对话录《蒂迈欧篇》（*Timaeus*）中断言：

> 我们所见的日夜、年月的循环都是数字所创造的杰作。数字赋予我们的不仅是时间的概念，还有研究万物本性的工具，由此产生了各个领域的哲学。

在柏拉图的《理想国》（*Republic*）中，数学被描述成能够鼓动灵魂的眼睛，比一千只"寻常的眼睛"更有价值，因为数学是深入看到真理的方式，能使一切见识澄澈。这种古代数学家就像工匠师傅那样，使用数学运算工具（三角板、量角器）打造真正美好的事物。

这样的论点已经为科学提供了创新而持续发展的动力。天文学家开普勒（Johannes Kepler）把毕达哥拉斯奉为"哥白尼学说（Copernicans）之父"；伽利略（Galileo）认为整个宇宙"是用数学语言写成的"；伯特兰·罗素（Bertrand Russell）说："若恰当地看待数学，会发现它不仅蕴含真理，同时还拥有至高之美——雕刻般冷静凛然之美。"现在我们都算是哥白尼主义的信奉者，但我们也全算是毕达哥拉斯学派的追随者吗？甚至那些在学校中就意识到数学并非他们专长的人——依旧会认为意义建立在数学之上吗？类推下去，数学可以扩展出其他面向的人生意义吗？

举例而言，大多数当代的数学家，他们证明了一项定理之后，是去酒吧喝上一杯，而不是去神殿献上一头牛。然而，毕达哥拉斯式的数学想象并没有消亡；只要推广数学的读物持续贩售，就表示数学之美依旧令人难以抗拒。那些数学书籍的其中一位作者，牛津大学的公众理解科学教授马库斯·杜·索托伊（Marcus du Sautoy）

说："这个（数学）世界的永恒真理使我兴奋不已。"这是什么意思？继续思考下去吧。

数学会令多数物理学家时不时发出轻声赞叹。这件事非常知名，由诺贝尔物理学奖得主尤金·维格纳（Eugene Wigner）于1960年在一篇题为《自然科学中不可思议的数学效用》（*The Unreasonable Effectiveness of Mathematics in the Natural Sciences*）的论文中提出。他在这篇文章里追问：当我们要描绘这个世界发生的事件时，数学为何总是这么有用？就是说，当你在用数学思考时，就会发现相当引人注目的现象：树上的绿叶长成像是碎形几何的形态，或是支持行星维持运行轨道的引力是如何按相距的比率减少。再加上大多数的数学家认为在数学中不是发明，而是发现。研究数学像是探索陌生的国度，那是个早已延展开来的场域，等待你横渡其中、画出轨迹。维格纳写道："这是奇迹，无论这个世界多么错综复杂，还是能在各种情况中发现许多规律。"这一定就是指他在这篇论文中所反思的"不可思议的数学效用"。

这蕴涵的思路是，若是不了解数学运作的理由和过程，新毕达哥拉斯主义者（neo-Pythagoreans）得出的如下结论可能就会被认为是正确的：性质就好比秩序与美，性质关联到数学都是形成万物的基本结构。此外，如果数学的确是发现而非发明，那么研究数学也就是在揭示事物的真相。

这样的观点使某些信奉者把数学当成是上帝存在的证据，或用更为微妙一点的说法，他们主张，数学的力量确实会使人感到自己身处的宇宙是由某种条理分明而美丽的神性所创造。哲学家莱布尼兹（Leibniz）写道："上帝计算、思考，就创造了世界。"在一神论者眼里，就是相信人类可以透过研究数学领会上帝的"思考"。物理学家同时也身为教士的米歇尔·海勒（Michel Heller）于其著作《可认知的宇宙》（*The Comprehensible Universe*）写道：

> 世界的结构是人脑思考的焦点：世界的结构在思考中能够得到自我映射的能力，在这样的概念背景下，科学似乎是人类心智（Human Mind）趋向上帝心智（Mind of God）的集体努力，个人的心智和上帝的心智神秘地交织。

这就是新毕达哥拉斯主义者的想法，可以追溯到过去萨摩斯岛的神话。然而，要用数学来证明上帝的存在，这肯定是个谬误。一则是因为从数学的形而上学推导到亚伯拉罕、以撒、雅各的上帝，实在是过度跳跃。数学是非个体性的，再说也不会有人建议你对数学做礼拜，数学只会使人油然生敬。

事实上，毕达哥拉斯主义者能提供的建议更为精妙。数学的作用在于它与性质密切相关，而性质则为人类提供了感官意义。然而，数学这种作用的本质依旧相当神秘。不过，人们完全有理由断定数学并不涉及上帝的存在。毕竟"一加一等于二"并不是上帝说了算，而是因为原理就是如此。数学家约翰·冯·诺伊曼（John von Neumann）的说法是："你并不是借着数学了解事物，只是熟悉事物。"又或者是生物学家理查·道金斯（Richard Dawkins）这位引起众人注目的无神论拥护者——找到了更多惊叹于万物秩序的理由："有机生命的复杂度正好与表面设计（Apparent Design）的优质运作效率相当匹配。"他主张大自然本身就会找到发展之道，被他称为"不可能的攀登"（Mount Improbable），没有什么比这种自然机制更引人注目的了。

归根结底，如何看待数学，看你自己的个人信念。就某个角度来说，维格纳的不可思议奇迹谜题和毕达哥拉斯学派的几何学是相同的：直到最后，我们还是一点都不明白，为何世上存在规律，为何数学这么有用，或者，为何我们能够借着数学了解宇宙万物。不过重点是，我们就是办到了。此外，我们也能从中发现数学之美。对人类而言，世界是个充满意义的场域，这样的直觉毋庸置疑。毕达哥拉斯提醒我们：事实上，科学并不是要摧毁这种直觉，而是予以支持。

第二章

在关注的艺术中获取灵感的莎芙

充满好奇心的缪斯女神

如果人类是追求意义的生物，那么有一个相关的秉性就显得相当重要，这在我们回顾古代思想之前就应该先强调，那就是好奇心。假如真心认为这世界毫无意义，就等于认为自己是个空虚、没有意义的存在，那么丧失一切好奇心也就等于人生毫无乐趣，将会导致悲惨的厌世感。从更积极的方面来说，对事物感到好奇就是在培养生命的情趣。历史学家特里维廉（G. M. Trevelyan）曾提到智性的好奇是"真正文明的生命线"。或者也应该注意到，"提问"（Questioning）这个词很接近"探索"（Questing），而探索的报酬是富有意义的感受。

　　不过好奇心取决于自己的德性，俗话说"好奇心杀死一只猫"，做得太过火会养成好管闲事的习惯，更糟的情况下，还会发展出焦躁不安的情绪。没有任何事物能满足长期挑三拣四的人。那么，应该如何培养对人生最为有益的好奇心呢？好奇心的适当平衡点该如何拿捏？关于这些，莎芙（Sappho）可谓是我们的导师。在莎芙眼里，有建设性的好奇心就是"关注"（paying attention）。这是一门精巧的艺术，需要谦卑、耐心及智慧。

　　莎芙在任何一份古代智者的名单中都非常突出。然而，在这些名单中提到她并不只是因为她是女性，毕竟还有其他女性智者，主要是因为她的作品以她自己的文字保存了下来，并且是动人的文字。自古希腊以来，形象最为鲜明的女性人物非莎芙莫属。

　　莎芙是诗人，生前就声名远扬。她的诗在中世纪几乎全被销毁，不过我们还是从历史中得到了足够的残篇，得以欣赏她的心声，并再度纪念她。

有人说是骑兵团，有人说是步兵团，也有人说是舰队，这黑暗的大地上最为美丽的物事。我却说，你所爱的最美。

莎芙生于雷斯波斯爱奥尼亚岛（Ionian Island of Lesbos），艺术与诗歌长期盛行之地。古希腊抒情诗（Ecstatic verse）形式的创造者阿里翁（Arion），同样来自这座巨大的岛屿，传说中是海豚从海盗手中救出了阿里翁。希腊音乐的奠定者特尔潘德（Terpander）也住在这里，他是比莎芙早一个时代的人物。

这段抒情诗般的历史后来又为这座小岛本身带来了推动力，我的介绍手册甚至说雷斯波斯岛"像银杏叶般挂在土耳其海岸边"，接着又写道：

岛上的葡萄园生产希腊最好的茴香烈酒（Ouzo），起伏的丘陵地上有着令人惊叹的一千三百万株橄榄树，更高的山脊则围绕着栗树和松树……岛民非常随和且情感丰富，喜欢骑马、喝酒，兴之所至，随时都会开始唱歌跳舞。音乐和诗歌深植于雷斯波斯人的灵魂之中，促成了他们那知名而令人陶醉的品性。

大约是在公元前7世纪初，莎芙为出生地的艺术与文化传统带来了实质的贡献。这一时期也是古希腊第一批先哲涌现的时期，比苏格拉底时期早了一个世纪。现在把莎芙和哲学家相提并论，看起来可能有点怪异，尽管如此，在追随她的哲学家眼里并不觉得奇怪。那为何哲学家们会推崇她？这和好奇心又有什么关联？

据说柏拉图本人曾宣称莎芙很聪明，有一则柏拉图的隽语说："有些人说缪斯（Muses）女神有九位，多么粗心啊！看着，还有第十位是来自雷斯波斯的莎芙。"因此，"缪斯"的相关意义又进一步联系到智慧。缪斯女神本来就被奉为激发学习欲望的鼓动者。而这个词本身就能呼应到思想实践，例如"冥想"（musing）。同样，在神话中，缪斯是宙斯（Zeus）和记忆之神谟涅摩叙涅（Mnemosyne）的女儿。那也就无怪乎莎士比亚会请第十位缪斯——莎芙将"美妙的论点"（Thine Own Sweet Argument）注入他自己的诗句中了。

我们还能从另一个侧面关注这特殊的智慧。莎芙也被誉为情诗诗人，正如"雷斯波斯"（Lesbos）这个字眼的相关含义，女性间的爱情与她关系密切。莎芙是否称得上是当代意义下的女同性恋者其实值得商榷。因为据推测她也爱男人，她会描述她对男性的看法。她受到同时代人的注目，并不是因为她所欲求的对象，而是她唤起欲求的方式。人们光是阅读她的诗句就能感受到自身被唤起的欲望。她被誉为"美妙奇迹"（Wonderful Phenomenon），她以精湛的修辞闻名遐迩，她的美学品位受人欣赏与模仿，她言辞的力量令人屏息：

犹如山峦疾风吹袭橡树，爱撼动我心。

这是多么美丽的意象。

莎芙能如此吸引周遭的追随者，还有另一个非凡的理由：因为这是他们第一次能从女性的观点看待爱情。通常，古希腊人并不认为女人和男人有太大不同，但女人就是比男人少了些什么。亚里士多德有个设想，他认为怀孕的时候子宫的热度不够就会生出女人，在我们现代人眼里，他这种生物学的理解令人反感，不过还是有值得宽慰的地方，因为他的言下之意是，男人与女人之间其实没有什么本质上的区别，并非如"男人来自火星，女人来自金星"那样具有天壤之别。然而亚里士多德的想法蕴含的道理是,如果想要了解何谓人类,就必须探讨典型的完美之人,也就是男人;男人会让女人显得黯然失色,而这在当时或许被视为理所当然。

莎芙是这种设想的第一批挑战者,她提出质疑,不过并非提出生物学的主张,而是展示了其他不同的可能性。"展示不同的可能性"正是她发挥好奇心的舞台,我们可以想象一下在当时会发生什么事。她也许很需要勇气,尽管并没有任何迹象显示她有人身危险;她应该是受人委托,为公共庆典或聚会进行写作,所以不可能是秘密创作。不过她确实是以崭新的语言来诠释自己的感受,使用有别以往的措辞来描述女性;当时诗歌世界被阳刚、军事性的隐喻主导,以荷马的史诗为大宗,而她在这诗歌国度中发展出女性观点的意象。文学上的创新是莎芙被誉为天才的基础,她改变了人们的观点,从而改变了心灵。

　　我愿见她婀娜的身姿,容光焕发的脸庞;而非那吕底亚战车,那武装步兵。

这些诗句坦率得叫人啧啧称奇,与当时浮华、客套的文化分庭抗礼。正因莎芙拥有这种把被压抑受迫的感受释放到纸上的能耐,她的仰慕者才会对这些诗句爱不释手。

或者,在另一段残篇中,她大胆地转化了特洛伊(Trojan)战争开战的理由。她没有采用传统赋予这次残酷冲突的起因,海伦(Helen)并不是被帕里斯(Paris)夺走了,而是自愿离开:

　　一切的道理很简单。因为海伦,远比任何女人都美,她抛下了丈夫,径自航向特洛伊。

在这股勇气的背后是一种禀赋，造就她的聪慧，这禀赋就是对于事物的细致观察力。由于她对所处的世界有着强烈的好奇心，能够透过女性的双眼从不同的角度看待世界。保持好奇心，以不同的眼光看世界，其实并没有表面上听起来那么容易。如今，哲学家和生物学家都告诉我们：我们的感官所认知到的世界都已经被预先塑造过了，我们之所以用现有的方式理解世界，是因为受到演化或文化传承的影响。事物、客体、情境并不是素朴、单纯地被我们接收，而是作为某种特殊的事物、客体、情境，预载了某种意义、重要性，艺术家在试图赋予事物不同的意义时应该就会这么说。莎芙能够密切关注事物、客体、情境，设法以不同的方式展开想象。她不受拘束地突破了当时先入为主的成见，找到了属于自己的自由。"作诗如同绘画"，这是其中一位莎芙追随者西莫尼德斯（Simonides）的观点。若把这句话进一步加以拆解分析，就是说："艺术就是理解，初来乍见般的理解。"就我们所追求的"好奇心"美德而言，这应该称得上是相当不错的定义。

最为知名的残篇之一，编号三十一的内容，展示了莎芙关注情爱之事的方法，以下是完整的段落：

俊美似神呀，那男人，他坐在你面前，亲密地听着你甜蜜的低语、迷人的笑声。真令我心跳加速，邂逅的瞬间，我失去了言语；我舌头裂了，丝丝火焰在皮下奔腾。我双目失明，双耳轰然。我汗流不止，战栗不已。脸色比枯草苍白，看似我命不久矣。然而还须承受一切。

注意文中所述的情况，莎芙先依照传统惯例描绘那俊美的男子：

俊美似神呀，那男人，他坐在你面前，亲密地听着你甜蜜的低语、迷人的笑声。

不过就只有那么一句话，我们的注意力立即从"他"转移到对坐的"她"身上，看"她"甜蜜地低语、迷人地笑着。这才是使莎芙全神贯注的场面，接着是：

真令我心跳加速，邂逅的瞬间，我失去了言语；我舌头裂了，丝丝火焰在皮下奔腾。

这是多么美妙的矛盾，她虽无法言语，然而文字又能把她的感受表达得丝丝入扣。爱慕之情就是如此寻常可见，寻常到任何人都懂，同时却又如此非比寻常，以至于发生的当下会令人感到独一无二、激动不已。这位以语寄情的女性，这位有别于既定印象的女性，她不只是把这样的感受停留在思想层面，而是更深入地感受一切。再看下去是：

我双目失明，双耳轰然。我汗流不止，战栗不已。脸色比枯草苍白，看似我命不久矣。然而还须承受一切。

结语又是更为深刻的感悟，最铿锵有力的反思在于她察觉到爱情好似死亡。接着，读来最令人为之一振的是，双耳充满着轰然响声，感受着皮肤下的火焰，使人同步感受到那种无能为力之情。将爱情联想到死亡，激情交合后的身体会精疲力竭地瘫倒，"出神"（ecstasy）的字面意思就是死亡似的灵魂出窍、超脱自我。至此，我们的理解已经和一开始俊美似神的男人扯不上什么关系了。

莎芙也关注大自然。和她同时代的人肯定乐于阅读她的作品，因为这些作品使人对她描述的那座小岛心驰神往：

从克里特（Crete）来到我这儿的神庙吧，这儿有迷人的果树林，祭坛上燃着薰香；清凉的水声潺潺，穿过果树丛；玫瑰花丛的阴影，覆盖大地，摇曳的叶片落下，沉睡于大地；牧场上小马吃草，春花绽放，和风徐徐。

这段残篇从一般角度可以看作一份传统的希腊祷词。就跟薰香的作用一样，它是用文字中的声音召唤栖身于树林中的神祇。然而，学者们已经注意到莎芙引入了小说的元素，她是在使人置身其中的意义下进行召唤。阿尔弗雷·比塞（Alfred Biese）在他的前瞻研究《论自然的感受于中世纪及当代的发展》（*The Development of the Feeling for Nature in the Middle Ages and Modern Times*）中追溯到了莎芙，认为是她奠定了"最具个人独特性的感受表达手法"，也就是主观感受（Modern Times）的表达手法。在莎芙的影响之下，"古典诗歌已经变成是在表现人类对大自然的柔和主观感受"。再次强调，这是基于敏锐的注意力，进而引发革命性的观点切换。

从树木的枝干到爱人的身体，无一不是莎芙诗中关注的对象。她在关注中找到了创造性与智性的自由。这是使好奇心成为习惯，加上沉思，并发展智慧。她同时也为我们展现了关注的艺术所需的努力。"关注"现在已经获得哲学家的拥护，成为生活方式的关键要素，对我们的生活也相当适用。假若你像我一样，觉得试着提笔写诗太难为情，还是能够培养出这样的好习惯——时时以崭新的心态看待这个世界。

第三章

柏拉图的对话之爱

让古希腊时代的百万 YouTuber 成为你的哲学闺密

柏拉图是本书的核心人物，他的"播客"（Podcast）——本书以此称呼散布于古代地中海世界的对话——确保了哲学作为一种生活方式的未来发展。那么，让我们进一步探讨选择这种媒介的重要性，因为这的确是他所要传达的主要讯息。对话录传达了两种至关重要的特征，以便成就柏拉图所赞扬的生活。其一是激情，其二是交谈。简而言之，柏拉图是在制作具有迷惑性的简单公式：生活质量和个人在讨论中获得的快乐成正比。在柏拉图眼里，对话（Conversation）将是生活这门艺术中的主要活动。

据说苏格拉底和柏拉图相遇的前一晚，苏格拉底做了一个梦。他在梦中坐着，腿边有只刚出生的灰色天鹅，突然之间，这只小鸟的全身羽毛转变成耀眼的白色，同时化为成年天鹅。接着这只生物放声大叫，音调响亮、澄澈、清晰，然后飞入天际。于是苏格拉底惊醒，思索着梦境的意义。隔天，他遇到了柏拉图，明白了柏拉图就是那只天鹅。

这只是个传说，能流传至今，是因为传达了关于柏拉图这个人的诸多信息，尤其是我们在此要探讨的第一个特点：柏拉图充沛的激情。

传说中描述的天鹅大叫，就象征着柏拉图的激情，成年天鹅的喜悦十足，是在欢庆刚刚获得的活力。在短剧《诸神之上》（*Above the Gods*）中，作家兼学者艾瑞斯·梅铎（Iris Murdoch）描绘了柏拉图与苏格拉底、古雅典同侪的对话，突显了柏拉图激情的一面。他们正在讨论爱欲（Eros）的力量以及性欲的升华。柏拉图在讨论中变得越来越兴奋，甚至站起身来宣称：

看吧！爱就是能量。灵魂是巨大广阔的场域，当中大部分是漆黑一片，充满着能量和力量，而且这些能量可以为恶，也可以为善；当我们追求善的事物，受到善的磁性所吸引，这个过程就是把为恶的能量转变成为善。

梅铎在另一处写道："能量的转换是人生的关键问题。"柏拉图也同意将焦点放在关注能量、爱情的作用上，以及如何以最好的方式加以疏导达到至善；他在多篇对话录当中展示了不少相关的疏导方式。现存有 26 篇对话录确定是柏拉图的作品，其中 6 篇堪称无与伦比的杰作：《申辩篇》（*Apology*）、《泰阿泰德篇》（*Theaetetus*）、《会饮篇》(*Symposium*)、《费德罗篇》(*Phaedrus*)、《理想国》（*Reupblic*）、《蒂迈欧篇》。其中《会饮篇》《费德罗篇》的内容与爱相关，是在讨论爱如何形塑、转化我们的生命。爱几乎在所有其他对话录中也都扮演重要的角色。柏拉图这位智慧的爱好者，根本就是一名"爱的哲学家"。

与柏拉图相关的传说也包括与爱有关的故事。一批古代的作家出于他们的设想，描述了柏拉图的双亲是如何激烈地做爱，他们如此激情的结果使柏拉图来到这个世界。这是个古怪的故事，不过可以这样理解，他们是试图表达：爱的力量之所以在柏拉图的一生当中一直是如此迫切的问题，正从他被孕育之初的那一刻就注定了。

接着是一连串柏拉图自己的风流韵事。据称其中一次是和初露头角的天文学家、年轻的阿斯特（Aster）有关。根据推测，以下这首诗是柏拉图写给阿斯特的：

凝望着繁星的阿斯特呀，愿我是那星空，以数千只眼睛凝视你。

另一则故事是他和年长而美丽的女性阿吉纳萨（Archeanassa）有过一段青涩的恋情。柏拉图写了以下这段话来纪念两人的交往对自己造成的冲击："噢！何等不幸呀！遭逢佳人的初游旅人；何其猛烈呀！为你而燃的干柴烈火。"

另一个能够认识柏拉图的切入点，是他强而有力的存在感。多如繁星的相关故事显示了柏拉图出众的魅力、明朗的性格。在这些传闻中，最戏剧性的一则还提到了柏拉图半神半人的性情。我们知道他生于公元前 427 年，而传说描述他诞生那天正是阿波罗（Apollo）的生日。接下来传说又写道：他出生时，蜜蜂从天而降，就停在他的嘴唇上，这双唇展开的对话如此悦耳、声调如此动人。至于苏格拉底梦中的天鹅，也正是阿波罗的神鸟。

这类说法如今听起来都太夸张了，简直不可思议。然而深具魅力的人物仍会被描述成"光鲜亮丽"（Scintillating），字面上的意思就是光彩四射、散发光芒；这种人具有吸引力、散发气场、拥有明星特质。这是种难以捉摸的个人特质，不完全等于漂亮，却又更甚于漂亮；也许这种影响力并不是出于他们关注自己，而是因为他们能够关注他人。他们能自然而然地唤起其他人内心深处的情绪反应，通常是吹捧，尽管这种特征也存在着风险：人们在这样的相遇过后，会觉得这种人玩弄他们的感情，这是投入激情的缺点。

我在上大学时，有一名讲师对学生有类似的影响力。随着他课程上的进展，越来越多人挤进了这间教室，并不是有那么多人真心想要听他说了什么，而是大家想要感受一下这种经验。某天，我走回自己的学院时偶遇了一位友人，就激动地声称他也不该错过这门课的演讲，因为实在太精彩了。"好吧，那他到底说了什么？"我的朋友微愠地反问。而我思考之后，才发现自己说不出什么具体的内容。因为我只不过是被讲师散发出来的思想之爱打动，才会觉得他的演讲很重要。

这种存在感和另一则传承下来的柏拉图轶事能够相呼应。据说柏拉图一开始是斗技者，能够在搏击运动中获得成功是因为他雄伟的体格：想必他的体魄和灵魂一样强大。这项运动很可能也是他名字的由来，"柏拉图"（Plato）在希腊语中是"宽阔"（platus）的双关语。其实他的原名是亚里斯多克雷（Aristocles），以他祖父为名，后来才采用"柏拉图"这个称呼。

改变名字是意义重大的举动，反映出这个人想要前进的欲望，不受过去的拖累。或者，改名也可以是一种展示人生发生过转折的方法，表示自己已经确实改变了。柏拉图本人肯定是相信个性的转化，认为这也是和他人在对话中相遇的爱能够达成的效果；柏拉图哲学的多数目标是在促成这种改变，很可能就是因为他于 20 岁时亲身经历过这样的转化。当时，柏拉图身为雅典年轻文学明星中的领头羊，接下了埃斯库罗斯（Aeschylus）、索福克勒斯（Sophocles）、欧里庇得斯等人的火炬，正要在狄奥尼修斯（Dionysius）的庆典中争取最高荣誉。柏拉图写好了一出悲剧，正好就在苏格拉底做梦醒来后的早晨，他在剧场门前偶然遇上苏格拉底，两人交谈之后，柏拉图的人生就改变了，天鹅奋力起飞。他不假思索地烧了原本写好要演出的著作。据说他曾如此大喊："噢！降临吧！火神，柏拉图有求于你。"

这就是柏拉图想要传承下去的经验。为了达到这个目的，他必须重现相关条件，好使热情的心智能够产生这种变化。另一种说法就是：他必须思考教育，结果就发展出相当独特的教育理念，大多都是关于对话之爱（Love of Conversation）的论述。

柏拉图有感于真正的教育必须落实到个人身上，理想上是要在小团体中展现彼此的羁绊。古雅典流传着这么一句俗语："朋友就是物以类聚。"柏拉图在对话录中引述了这句话好几次，可说是其哲学方法中的座右铭。柏拉图认为，只有和具有真实情感的伙伴在一起，才能共同以开放的态度探索错综复杂的人生，知道如何认同彼此的信念、感受、愿景、性格。有了朋友，人们会自然地萌生新的视野，认识、欣赏这个世界。与朋友共享的日子日复一日，历久而不辍，经历人生的不同阶段，这种生活就是柏拉图理想教育的最高乐趣。这种教育也相当耗时：《理想国》当中的某个角色说，任何正规的教育都需要持续 5 年，此外只有已经到了 35 岁的人才能正式开始，也就是说，这种教育必须等到一个人整体成熟时才能施行。

柏拉图习惯把他这种彻底浸淫在友人间的学习理念，对比另一个更为好斗的方式，也就是雅典人常从事激烈的辩论。他断定激烈的辩论根本行不通，只会使人更加捍卫自己的立场，无法对别人敞开心扉：

正当两位朋友，好比你和我，相谈甚欢时，必须以更和缓、更具辩证性的方式进行对话。所谓的"更具辩证性"（More Dialectical），不仅是要真诚地回应，而且需要在对话者承认自己认知的基础上予以回应。

有人认为人们能够借着形而上学的引导接近真理。柏拉图应该会补充：这类的引导也需要友谊的支持。

当然，朋友会发表言论，不过和书本上那种与人生不直接相关的言论大不相同；面对面的对话相当脆弱，而实时对话的暂停和连贯也是对当下实际情况的一种表述。共同的生活会发展出生动的言论，洞察彼此私密的想法，以他人为榜样。对话交流的哲学家西奥多·泽尔丁（Theodore Zeldin）曾写道：

对话是拥有不同记忆与习惯的心灵一起进行的会议。心灵相遇时，交流的不仅是事实：心灵传递事实，重塑事实，强调事实蕴含的不同意义，激起各种新思维。对话不单单是重新洗牌，甚至还创造了新牌。

柏拉图追求的正是这种能动性。

如今只能透过喜剧作家伊庇克拉提斯（Epicrates）的观察，一窥柏拉图学院的日常生活。这个学院也就是他所谓的对话学校（school of conversation）。伊庇克拉提斯在剧中嘲笑柏拉图浪费时间，他想象这位哲学家与其弟子故作姿态地对着南瓜进行检视、讨论，思索着它的本质：

现在，他们所有人先是就定位，然后低头沉思了很长一段时间。

这是伊庇克拉提斯的其中一名角色开始转述学院中发生的情况，接着是：

大家正躬身研究时，突然间，其中一名少年开口说这是圆形的蔬菜，另一人说这是草，还有人说这是树。一名来自西西里岛的博士听了，认为他们在胡说八道，轻蔑地解散了众人。

柏拉图集体教育的见解如此引人注目的原因在于能够引起众多时人的欢笑：这些男人和女人（学院里也有女人）整天做些什么？开玩笑吗？物以类聚的朋友间也会产生意见分歧，偶尔会暴力相向。是的，我们知道他们会动手。不过确实是因为他们献身共同追求的也就是伊庇克拉提斯所嘲弄的这个目标是多么具有吸引力，因而使他们聚集在一起。

这些哲学家穿着同样的衣服——简单的僧侣外袍，欣然分享食物、共享思想，关系是如此密切。此外，柏拉图不仅认为女人应该跟着男人一起受教育，也主张教育必须对受教育者一视同仁，所以受教育者必须拥有自由。自由也是真正的心灵聚会不可或缺的要素。

这座学院坐落在一个叫作阿卡德摩斯（Hekademos）的果树林中，占据了园地的一角，正好在城市的墙外。早于柏拉图时代的辩士们习于在此聚会，因此，柏拉图也很自然地在相同的地点建立工作据点，时间约在公元前380年代前期。学院建立后，柏拉图就在树林里为缪斯女神建造了祭坛，这很可能是用来向公众表明他们之后从事的活动，毕竟这个地点是户外，且对大众公开。柏拉图其实也有私人的庄园和住处，不过既然他没有结婚，那肯定也是全数献给这项终身事业。

在这项思考结合生活的新实验初期，就能够成为其中的一分子参与实践，那肯定是非比寻常的体验。柏拉图正在建构极其创新的生活方式，无怪乎这座学院吸引了那个时代的顶尖天才，其中如亚里士多德参与了长达二十年，还有天文学家尤得塞斯（Eudoxos）和数学家泰阿泰德（Theaetetus）。事实上柏拉图非常成功，越来越多人受其吸引，他们的出现为柏拉图带来难题。友谊、灵魂探索、爱情，是学院生活的核心，"概念总是披着情感的外衣"。另一位柏拉图学者怀特海（A. N. Whitehead）说道。这意味着亲身参与是这种生活理念的核心，如果没有具体的实践活动，就没有柏拉图式的教育可言。然而，这种教育成功之后，就必须发展出在人数更多的情况下还能维持运作的方式，同时又得设法使核心主旨不至于被削弱；柏拉图的难题是如何扩张这特殊的学圈。为此，我们借着对当代Podcast的发明进行反思，也许就能够阐明柏拉图后续做法的意义。

当代哲学家休伯特·德雷福斯（Hubert Dreyfus）能够提供阶段性的指引。他有着令人称羡的地位，他的演讲——也就是 Podcast，在网络上有着广大的听众。他的人气在 iTunesU 上常驻前二十名，他的演讲在综合节目的排名中也表现得相当出色，促使他思考 Podcast 的教育价值。显然 Podcast 还是很有价值的，能够触及到他自己从未亲身接触的听众。不过 Podcast 的效果还是不如本人参加演讲课程，也不及亲身与其他学生一起接受指导、发展对话之爱。

德雷福斯认为亲身到场出席与投入所承担的风险，决定了以 Podcast 学习和亲身参与课程的差异：我们正是因为拥有身体而能感受自身与世界的联系。同样，我们也通过最敏锐的感官进入与他人面对面的对话之中，会使自己置身于学习、探索、记忆的最佳条件，这种处境能够培养出友谊。

于是这位教授开始归结出不同的学习境界。一开始是"新手"，然后变成"进阶"。之后某些人会达到"胜任"，然后是"熟练"，接下来是"专家"，最后是"大师"。大体来说，在网络上的非亲身学习能够使人通过一两个阶段，也就是从"新手"变成"进阶"。不过要更进一步通过"胜任""熟练"，而且确实来到"专家""大师"的阶段，伙伴关系中的风险承担与信赖就是不可或缺的学习环境。

因此德雷福斯教授采取的折中方案是，他乐于通过播客在网上传播其授课内容，毕竟这是向大众介绍哲学的好方法。然而，他还是希望，人们想要认真面对这些主题的时候，会愿意亲身参与课程。

柏拉图所采用的技术虽然并非全新，但不久前才刚得到复苏，这项技术就是写作。当时正相当严肃地讨论着"文学在教育中所扮演的角色"，因此柏拉图有很长一段时间声称他完全不写任何作品。关于这点，他是效法导师苏格拉底的习惯。"认真的人在处理真正严肃的议题时，要小心避免使用写作这种手段。"这是柏拉图在

《第七封信》（*The Seventh Letter*）提出的警告——《第七封信》一般被认为出自柏拉图本人之手。

写作的风险很多，和 Podcast 遭遇的限制类似。作品是非人性的存在，因此写作者无法亲自提出问题然后得到解答，导致疑惑越来越多，根本没完没了。而对于读者而言，那些只能和其他人一起彻底沉浸在精心设计的生活方式、经过相当训练后才能真正领会的洞见，读者很可能会因为没有这样的体验而轻易误解作品想表达的意涵。我们必须处于适切的位置，才能得到具道德意义及人生存在意义的智慧，而并非透过阅读就唾手可得。柏拉图有个论点，假如光是阅读就够了，那么世界上智者的数量就会与书籍的数量成正比。事实显然并非如此。

柏拉图深信哲学并不是一种可以传播的知识；哲学无法像水倒入罐子里一样，从一个罐子倒入另外一个罐子，这是他在某篇对话录里的说法。他所追求的那种理解，更像是种子需要花时间发芽、成长，只能在适于培养的环境中进行。哲学是关于欲望的磨炼，而非理性的描述。作为生活方式的哲学，本质上无关乎事实或证明，而是关乎价值和改变。实践成就完美。

不过，许多人是被柏拉图的魅力、理念、成功所吸引的，他要如何巧妙处理这种需求？

也许柏拉图在人生晚年改变了他对写作的看法。有人说服他编纂对话录，分发手抄本。"写好的文章会自动滚向四方，管也管不了。"他若有所思地自嘲，并承认写作的缺点。柏拉图的生平传记在他去世不久后就完成了，对他人生经历的评论如下："他编纂对话录激励许多人学习哲学；不过他也给了许多人机会，让他们以某种浅显的方式学习哲学。"Podcast 的作用也是如此。

然而，对话录这种形式仍称得上是柏拉图的精心之选。理由之一是对话录很受欢迎。有证据显示当时的大众极为喜爱阅读这种谈天说地的意见交流，正如现代人喜爱浏览他们的 iPods。而另一个理由是，对话录也含蓄地挟带了警讯：对话录展示了真实的人物致力于争论时的姿态，他们不但会显露情感，也能够有效支配理智。因此，对话录也强调互动和亲身参与的需求，也许这就是最有吸引力的 Podcast 也会强调大家要出席演讲、以对话的形式进行课程的原因。对话录是柏拉图教育理想"对话之爱"的一种公开声明。柏拉图似乎把这份警告嵌入了他所创造的独特体系：别当成论文来读！不过，当然了，对话录现今就是被当成论文在读。

柏拉图创作的对话录在风格、难度、主题上相当多样，似乎是试着传达给不同的听众。某些篇章似乎适于理智的一般人阅读，其他篇章则采用特殊的写法，因此看来就是设计好要介入科学、神学的争论；而某些篇章看起来又像是把曾在学院进行过的讨论加以摘录。对话录在学生间形成了交换意见的论述范例，融合之后不同形式的对话录应运而生。对话录的绝妙之处在于任何人都能阅读，进而吸引大家进行越来越深刻的反思。柏拉图在对话录背后坚持的是他所谓的"不成文教育"（Unwritten Teaching），这只能在生活中实践。

因此，我们可以说对话录是学习哲学的邀请函，引领人们迈向"胜任"，怂恿我们渴望达到"熟练""专家""大师"等层级。对话录也警示我们，无论如何，只有受到激情推动的亲身对话交流，才能自我革新，使自己转化成为哲学家。

接着，关于美好生活的方法，这里有来自古人的第三个诀窍。柏拉图深信美好人生是奠基于讨论所带来的快乐，我们必须和人一一交谈。这就是我们在求学阶段必须进行专题讨论、小组学习等实践背后的深意。再者，如果柏拉图的想法没错，我们就必须使这个习惯扩及整个人生，活到老学到老。

　　柏拉图并非那个时代唯一撰写对话录的人物，当时的大众对这种形态的交流极为感兴趣。同样，今天博客等类似的网络软件的流行在显示人们热爱交流，通常也会传达他们的激情。然而，柏拉图会说：别忘了群体生活的那一面，这至关重要。人们往往企图利用修辞来驳倒眼前的对手，修辞也许可以增强论证，但不能提升人类的智慧。友谊和羁绊才是交流的关键，如此才能使个别的学习者承担对话的风险，进而迎来转化人生的契机。

犬儒学派的**第欧根尼**

虚幻不实的名声无助于提升真实心灵

知名的芭黎丝·希尔顿（Paris Hilton）在网络上散布她和前男友瑞克·所罗门（Rick Salomon）的性爱视频而变得"家喻户晓"。她生于富裕之家，是希尔顿酒店集团的继承人，她在自己社群上的丑闻触怒了家族长辈后被剥夺了继承权，很可能已经失去了酒店方面的收益。然而金钱对她来说并不是很重要，芭黎丝渴求的其实是一种另类的通货，这种文化通货名为"名声"。

对此，她看重的并不是身为"时尚女郎"（It-girl）时就轻易享有的名声，那种魅力只不过是体现了刚在社交圈活动的新人有过的光鲜亮丽。她也不是想要安迪·沃荷（Andy Warhol）声称的那种"每个人都能出名十五分钟"。她想要更多，而性爱光盘办到了，这使她短时间内就一举成名。她并不只是变得有名，甚至是得到"变种知名度"（vfame），这是马克·罗兰兹（Mark Rowlands）于其著作《名声》（Fame）杜撰的词语，指新型、变异的名声，因有名而有名；这个名称取自"变异库贾氏症"（vCJD）这种损害大脑的疾病。

不过，芭黎丝这种人物的变种知名度值得我们困扰吗？加诸了这种名声给她，对我们来说到底有什么意义？这么想显然足以让人认为，这种属于少数人的名声是无害的，只不过是为那些默默无闻的一般大众制造了一些打发日常时光的消遣。毕竟，没有人真的认为出名会更好，除非有名望的人真的拥有一些值得瞩目的成就——现今这种情况的确相当引人注目。

有一位古代哲学家能协助我们思考当代生活的这个面向。他也把在大庭广众下公然做爱当成引人注目的手段。这位哲学家是第欧根尼，生于公元前 4 世纪，创立了一个人称"犬儒学派"（Cynics）的哲学学派。"犬儒"这个绰号来自希腊语的"狗"：第欧根尼变得如此知名，在整个古希腊无人不知，就是因为这个单字"犬"。当然，拥有这样的单音节名字就是成名的关键标志，如你所知的那个"芭黎丝"。

芭黎丝和犬的相似性不仅仅是单名而已，第欧根尼也生于富庶之家，他的父亲希瑟赛亚（Hicesias）是锡诺普（Sinope）的银行家。锡诺普是重要贸易都市，位于现今土耳其北部的黑海边，位置恰好在达达尼尔海峡（Hellespont）和高加索山（Causasus）之间。如果你去了那里，也许得搭上来自地中海的橄榄油商船，在该地的港口上岸；若再向南边的内陆游历，就会发现它周遭环绕着取之不尽的丰富资源与广大麦田。

银行家个个因贸易而家业兴旺，希瑟赛亚也不例外，事业蒸蒸日上：他在城市的铸币厂工作，直到出了事。希瑟赛亚因为损毁了委办的硬币而遭到起诉，随后被流放。事实上，传闻说是第欧根尼本人损坏了货币的币面。他曾明确得到提洛（Delian）祭司、阿波罗代言人的谕示，内容是他应该"改变政治性的通货"。于是，第欧根尼展现了仅出现在富家子弟身上的对于金钱的蔑视，他从字面上理解神谕的意义，致使硬币贬值、不再流通。后来，这名祭司的谕示对他来说多了一层更为奥妙的寓意：他要挑战当时的政治。

第欧根尼的父亲遭到流放，他自己也一贫如洗，然而他还是设法去了雅典。依照传统，他在雅典找到了他的第一位导师安提西尼（Antisthenes）。安提西尼过去是苏格拉底的密友，同样继承了优秀的思想谱系。他在一座知名的体育场"西诺萨格"（Cynosarges）教学，那是个大众会去运动或进行讨论的场所。这个地方开放给并没有得到公民身份的雅典人，或是和安提西尼一样的奴隶之子。这座体育场的名称含义是"白犬"或"快犬"，取自于一则传说——曾有一只犬类动物夺走了虔诚的雅典人在此献祭的大量肉食。这项盗夺事件的寓意已经在茫茫时光中亡佚，至于第欧根尼在这个"白犬"或"快犬"的地方学习如何实践哲学，也许影响了他将学派命名为"犬儒"。

第欧根尼学到了什么？要而言之，就是简单生活（Simple Life），虽然和那个芭黎丝的视频中所展示的"简单生活"截然不同。据说，某天第欧根尼看到一只奔跑的老鼠，震惊于这只啮齿动物多么无忧无虑：它既不担心在哪儿睡、吃什么，也不怕黑暗。从那天起，第欧根尼也无忧无虑地实现自我的满足。有一个象征性的举动是，他看到某个小孩用手取水喝，便立即丢掉了自己所用的碗，因为这个孩子比他更为俭朴；又或者，他试图在即将定居的城市中寻找住所，而这项任务变得十分令人厌烦，他干脆就在市场内的某间神殿外找了个木桶住了下来。在他各种引人注目的行为中，也许这件事最为知名，其他显然还包括在夏天酷热的沙中打滚，在冬天拥抱冰冷的石雕。他觉得没有任何艰苦能吓得倒他。

雅典的哲学家和城内的狐狸一样越来越常见，和他们的论战似乎成为第欧根尼最爱的消遣。他不止一次宣称柏拉图的演讲是浪费时间的自吹自擂：与其说是一种对话之爱，不如说是纯粹的放纵。为了强调他的论点，他在学院（柏拉图的学校）正进行艰深的论辩时现身，手上甩着全身毛被拔光的公鸡来嘲弄柏拉图对人类的定义："无毛的双足动物"。柏拉图反击指称第欧根尼是"疯了的苏格拉底"，还补充谁指控别人自吹自擂，那也正好意味着指控者的自傲。然而，关于这点又能引发这样的疑问：因别人指控你自吹自擂，于是你就指控对方自傲，这种行为是否也正意味着你的自傲？

第欧根尼的名声随着他叱骂过的人数不断增长。他会站在集市内吹口哨，然后就会有一群人像狗一样围在他身边；然而，当他开口谈到严肃的话题时，众人就表现出毫无兴趣的模样，回头去从事他们卑微的工作。这使得他对众人嗤之以鼻。在某次类似的情境下，他注意到文学家这种人喜爱挑出荷马作品的错误，却对于自己的失败一无所知；音乐家能够为七弦琴调律，自己却过着不和谐的生活。他谴责暴食、贪婪、狡诈。也许并不叫人意外，某天他被几名年轻人揍了一顿，尽管如此他还是笑到了最后。当揍人的年轻人离开后，他把对方的名字都写在木板上，并挂在了身上，挂着的时间长到让这群暴徒变成公众奚落的对象。愚蠢的人愚弄了这个世界。

第欧根尼还有其他嘲弄同时代人的方法。他曾经受邀与他人共进晚餐，不过他却拒绝了对方。他说，主人并没有对他上一次的到来表达感激之情。有人询问他是否信奉诸神，他回答说，身边这些被神遗弃的悲惨大众总是向他证明宙斯与其他诸神肯定真实存在。另一次，他在正午提着一盏灯，如表演艺术家般四处嚷嚷着要找真诚的人。

第欧根尼同时也把他的愤怒指向当权者，这使他赢得众人的追随。他称当时的政治家为"人民的奴仆"（Lackeys of The People）。雅典于喀罗尼亚战役（Battle of Chaeronea）后俯首称臣，第欧根尼被抓到腓力二世（Philip II）面前，这位马其顿（Macedon）之王问他是什么人，第欧根尼泰然自若地答道："与你的无尽贪婪同在的间谍！"然后他很快就被释放了。

腓力二世的儿子是亚历山大大帝（Alexander the Great），他和第欧根尼缔造了一段为人称道的故事。这时的亚历山大已经贵为国王，而且因其征服的成就而成为这个地球上人尽皆知的人物，这位世界的统治者前来见第欧根尼。第欧根尼正巧来到了科林斯（Corinth），也许亚历山大已经知道这位哲学家是怎么对待他父亲的，这引起了他的兴趣，毕竟亚历山大和他父亲间的关系无疑映射了弗洛伊德所说的俄狄浦斯情结。事实上，据说亚历山大与腓力二世之死是有所牵连的。那么，如果马其顿的老国王在见到这位哲人时曾被教训过，那这次年轻大帝的遭遇会是如何？于是亚历山大找到了这名正在晒太阳的犬儒者。他站到第欧根尼面前，使第欧根尼笼罩在他的身影之中，然后宣称："我有话要说！"只见第欧根尼喊着："别挡住我的阳光！"结果是亚历山大也在咆哮斥责中谦恭地退下。

雅典的居民为了对第欧根尼表达敬意，自从他的木桶被人失手损坏后，他们就紧紧跟在大师身边。他们揍了失手毁掉木桶的年轻人，然后一起集资为第欧根尼买了另一个木桶。

伟大的批判者，群众眼里的怪人。不过，第欧根尼的"芭黎丝现象"究竟是什么？他是何时在公开场合做爱的？

淫言秽语在第欧根尼日常对话修辞中是必不可少的，某位穿着女性化衣服的年轻人向他走过来时，他就要求看看这位跨性别穿着者的生殖器。他看到另一个年轻人以不雅的姿态懒卧在集市中，不经意地暴露自己的身体，便大喊着："起身！这家伙起身！别让人从背后捅你一刀。"在晚宴上，他成为出席者取乐的靶子，大家就像扔食物给狗那样不断扔骨头给他。随着他们的诱引，"这只狗"站起身来对着他们撒尿。

无论如何，第欧根尼的"压轴好戏"（pièce de résistance）是在大庭广众下自慰。

这个在光天化日下自娱的场面显然是因为他缺乏金钱所造成的。他肚子很饿，又没办法买食物。因此，当他用右手自慰了一次之后，他表示希望自慰能够和揉腹部一样轻易缓解肚子里的痛苦。

这个举动使第欧根尼的名声远扬，结果使他成为最常被提到的古代哲学家之一。一百年后，斯多葛学派的领导者克律西波斯

（Chrysippus）就这个举动称赞了第欧根尼。又过了两百年，费罗德穆（Philodemus）在赫库兰尼姆（Herculaneum）拥有一座图书馆，不过后来那座城市被火山灰埋住了，便又提及了这件事，尽管这次是加以谴责。基督教早期的教会神父们同样对此感到不知所措。不过如今我们应该做何解释？这难道意味着，我们终究还是得追求名声？

其实第欧根尼的意图很严肃。事实上，他并不是借着与人当众做爱来换取恶名，他知道那些出格的举动会使他声名狼藉，但有别于变种出名（vfamous）的人，他出格的行径并不是想变得更恶名昭彰。相反地，"这只狗"是以他想象中最直率的方式否定当时的惯例、信仰、习俗。作为一个另类，他提倡尽可能过着顺应自然的生活。适合跟第欧根尼做类比的，并不是芭黎丝那类已经大大偏离了自然状态但外表看起来衣冠楚楚的名流，而是身穿卷曲旧衣的"环保斗士"。或者，我们应该把第欧根尼之类的人比成反抗政治教条、想要找到出路的无政府主义者。

犬儒主义的第欧根尼被纪念的理由是其生活方式所伴随的激烈诉求。他是先知，不遗余力地批判所处时代。有人曾问他，世上最美的事物为何？他答"发言的自由"，而且这很难办到。后代哲学家爱比克泰德（Epictetus）的评述是："犬儒的天职太艰难了，超乎多数人的想象。"爱比克泰德在一定程度上理想化了第欧根尼，他颂扬第欧根尼的魅力和吸引力，同时赞赏他身体及心志上的不屈不挠。爱比克泰德接着又说，犬儒必定是崇高的有德者，以免自己对他人恶行的谴责会被视为伪善。他又补充，犬儒主义者拥有某种使命感，应唤醒众人：

噢！诸位，受困何方？不幸之人，所为何事？你们如盲人般颠簸于行。你们已远离真正的大道，迷失于歧路。你们在错误的地方寻求不存在的平稳和幸福，而且，有人向你们展示正路时，你们却不相信。你们为何求之于外？你们所追求的不在肉身之内！

所以，当亚历山大站在第欧根尼面前，而第欧根尼要求他走开，其言下之意是：名声换不来人生的自由，尽管支配全世界的亚历山大就是希望享有人生的自由。对第欧根尼来说，只要拥有阳光就享有自由，而且其实人人都能享受阳光。第欧根尼对芭黎丝的评论会是：名声是愚人的游戏。尽管事实上第欧根尼选择成为愚人。

第欧根尼至死都在实践他的自由，正是这样的行径确保了他的名声，就算这名声不甚光彩。追随他的市民建了座铜像纪念他，并于其上刻写以下诗句：

纵使时光会使铜像老旧，然而第欧根尼，你的荣光永存不毁。因为你为凡人指点了自足之道，以及最朴素的生活方式。

因此，若说"第欧根尼不会为了出名而煞费苦心"是可以预期的结论，那么他的人生还有另一个更为精妙的特色——如果是想着以出名来缓解焦虑或烦躁的状态，或者仅仅是在有价值的信息周围制造些杂音，那么名声的作用终究是极为短暂且虚妄不实的。因为这是舍本逐末的策略。第欧根尼认为，为你自己的人生信念专一纯粹地努力，完全靠自己创造最好的成就。假如你的信念强到足以塑出自己的生活方式，并能下定决心自由发表言论、设定人生目标，那么这种生活方式本身也会变得具有真实的价值。此外，可以肯定的是，大家也一定会想了解你的生活方式。

第五章

曼丁尼亚的狄奥提玛

纯爱哲学百分百，无性爱的时候我们思考哲学

曼丁尼亚的狄奥提玛（Diotima of Mantinea），她很可能是西方文化历史中的情爱艺术和心灵激情最伟大的催生者，然而时至今日却仍默默无闻。她在所处的时代是以爱情艺术的大师闻名于世，如今，这位特别的人物是否存在却受到质疑，学界倾向于认为她是柏拉图所想象的缪斯女神，因为她在柏拉图笔下就是这样的人物，尽管如此，我们还是完全有理由相信她是相当有影响力的历史人物。

　　要是没了柏拉图的精彩杰作——讨论爱情最有影响力的对话录《会饮篇》，狄奥提玛就无法留下只言片语。这篇文本很可能令《保罗达哥林多人前书》《约翰福音》相形失色，又或许莎士比亚的十四行诗与弗洛伊德的理论对爱情观所造成的影响，在与其相比后也将变得黯然失色。这篇文本在当时就率先谈到现在已经司空见惯的心动情事，也能发现"浪漫恋情就是寻找自己的另一半"或"爱情会使人提升自我"之类的观念。文中探讨了爱情和学习之间诡谲莫测的联系，认同"爱情是盲目的"这句老生常谈，而且认为爱情需要被纳入人生计划的考虑之中。

　　然而，在这篇向来被视为柏拉图饶富诗意的名作之中，他自己却完全没开口。柏拉图不仅静默，还根本不在场。一般在柏拉图的文章里会为苏格拉底分配最多的篇幅，这是他把自己的想法付诸挑战的惯用伎俩，但这篇文章里他甚至没有给苏格拉底最多的篇幅，《会饮篇》几乎全都交给了狄奥提玛，那么她能够为我们带来什么见解呢？

　　狄奥提玛大概生于公元前470年，约60年后去世。《会饮篇》重述的是公元前416年举办的一场酒宴，参与者在酒宴间讨论爱情的相关重要论题。狄奥提玛本人并没有出席，取而代之的是透过苏格拉底之口转述她的见解，重述的内容是苏格拉底和狄奥提玛年轻时代碰面的情景。苏格拉底回忆，他从狄奥提玛那第一次真正学习到了爱的知识；接着又说，狄奥提玛不仅告诉他为何人们会相爱、想要透过爱情得到什么，而且还教他爱是如何使人穿破无知及虚妄的迷雾，成就那种难以言喻、只能称之为启蒙的境界。

这位引人注目的女性究竟是何方神圣？以至于连柏拉图都想让我们相信，即便是聪明的苏格拉底也未能彻底理解她的神秘见解。苏格拉底对她的描述是精明而聪敏，不光是就爱情的问题，在其他诸多面向也是见识独到。

曼丁尼亚是位于伯罗奔尼撒（Peloponnese）中部的城市，人称阿卡狄亚（Arcadia）地区。在柏拉图的《会饮篇》完成之前，这里曾是伟大的伯罗奔尼撒战争的激战之地；雅典军队在此遭宿敌斯巴达人痛击且溃败。这个地方对苏格拉底和他的同伴而言应该不会有什么正面的想法，只会出现厌恶的感觉，根本不会想到爱情。尽管如此，狄奥提玛的名声在这次血腥的事件之前就已经奠定了。她是一名女祭司，也展现过某种奇迹。有件著名的事迹是她正确地指示雅典人实行某种必要的献祭以预防瘟疫，该预防措施抑制了疾病十年之久。

苏格拉底并未详述他是如何认识狄奥提玛，只说狄奥提玛教导他"爱之艺术"（Arts of Love），这可能意味着他们是字面意义上的爱人，也许苏格拉底的处子之身就是献给狄奥提玛。无论真相为何，对苏格拉底而言，他寻找狄奥提玛就是因为他听说过狄奥提玛知道爱的深层意义：知道爱能孕育什么、如何滋养爱、爱是如何形塑人类的生命。

苏格拉底为了追求自己理想的沉醉之爱，而时常寻找聪明的女性，这一点早已小有名气。古时有另一则流传甚广的故事，甚至比他与狄奥提玛的私会还要更广为人知。某天，苏格拉底前去拜访西奥多（Theodote），她是知名的交际花，也就是说她并不是普通娼妓，而是货真价实的爱情大师。男人会不远千里而来从她的身上学习爱情，并以多到散落满地的赠礼作为回报，西奥多就住在豪宅里。

故事说的是苏格拉底和西奥多展开对话，谈到西奥多的"友人"及她带给他们的"情意"。一开始，西奥多以为苏格拉底也是为了满足饥渴的爱欲前来找她，当苏格拉底抵达时，西奥多直接穿着一袭内衣，就像坐在画家面前那样摆弄出性感的姿态，苏格拉底也很明显被她挑拨得欲火中烧，甚至也想一亲芳泽。然而，两人的立场旋即颠倒了过来，西奥多领悟到苏格拉底激发了她意料之外的欲望并不是因为英俊的外貌（毕竟他样貌丑陋），而是因为苏格拉底比她更了解爱情。苏格拉底启发了她，爱情超乎双眼所见，这种爱情甚至连这位获得无数眼神关注的女性西奥多也无法估量。西奥多最后乞求苏格拉底经常来见她，使她的灵魂和身体都能因此受益。他却傲然回拒，她得去见他。

那么到底狄奥提玛教了苏格拉底什么？若是采信柏拉图的说法，那她几乎什么都教了。

关于这一切的希腊语关键字是"厄洛斯"（Eros），我们至今的用字，爱欲（Erotic）或性爱（Sexual Love）都是源于此。然而，希腊人认为爱欲是以各式各样的方式弥漫于人生当中。当荷马史诗的英雄迈步走向战场，会说他受到"厄洛斯"推动，一种证实自己勇敢的欲望；当某位美丽的女人因莎芙的诗歌而啜泣，使她难过的也是"厄洛斯"，因为那唤醒了她心中美到遥不可及的爱情。柏拉图设想的哲学式友谊所培养出的"人生之乐"（Joie de Vivre），是指灵魂知己能萌生譬喻性的双翅一起翱翔天际，他们也是受到"厄洛斯"的鼓舞。因此，当狄奥提玛向苏格拉底承诺会教他爱欲的学问，她要教的内容远比"如何成为一位好情人"还要多。

"厄洛斯"是情人之间一开始吸引对方的原因，不过等到他们变得更加亲密，进而想要稳固这段关系时，这种爱欲会转变成外在形式再度出现，促使他们重申人生誓约，"厄洛斯"所造成的回响在后世仍时有所闻，基督徒所使用的"圣爱"（Agape）尤为明显，这是指上帝满溢的爱，一种普世仁爱。"厄洛斯"一方面具有神圣性，另一方面又蕴涵了世俗的各种弦外之音；在希腊人的想象中，"厄洛斯"也可以是一位神祇，至少算是凡人与诸神之间的半神。这种观点也许最为人所知的例子是呈现在贝尼尼（Bernini）创作的那座赏心悦目的雕像"圣德勒莎（Saint Theresa）升天"。天使厄洛斯（Eros）或丘比特（Cupid）站在她身上，箭尖刺入她的身体。这座雕像就是把神与爱的赠礼结合在一起。

《会饮篇》的部分篇幅也反思了爱情能够带来的丰富经验和可能性。这篇对话录全部由酒宴中以爱情为题的对谈组成，一开始是名为费德罗（Phaedrus）的人物挑起话题。他先表达了荷马史诗观点下的爱情，这种爱情的最高表现存在于自我牺牲的行动中所展现的勇气。这种爱是"至高的爱"，现在用来缅怀战争中的死者，彰显他们的荣誉，至高的原因是他们为了他人而牺牲自己。费德罗主张士兵们受到这种爱的鼓舞，将不畏挫败，展现种种英勇行动。他想到的是古代的"圣军"（Sacred Band），这支知名的军队实力坚强，其实是由一对对的恋人组成。这是一种激动人心之爱，能够唤醒个人优异的荣誉感，成就卓越非凡的人生。不过这种爱的作用很有限，因为是以军事的法令为基础，是一种军营之爱。即便战争是有人类以来就长期存在的现象，但这种爱并不是我们现在所赞颂的爱情。

第二段对话讨论爱情和肉欲（lust）的差异，这段对话由保萨尼亚斯（Pausanius）提出，他盛赞永恒之爱。在这种坚定的关系中，爱情同时涉及了身体和灵魂；相对肉欲不过是放任精力的释放，只是一种身体性欲的满足。保萨尼亚斯提到了当时希腊的不同城市对伴侣关系有着各式各样的法律和态度：有些是毫无限制的，他就谴责这种关系不知羞耻；有些又极度严格，于是他指责这种关系令人窒息。他所赞同的方式是雅典的情况，雅典是根据爱人彼此示爱的方式发展了相当复杂的礼仪。保萨尼亚斯说，这些仪式把相爱的麦种和淫荡的秕糠分开，淘汰了其他杂质，从而滋养这段相爱关系。这种解读是一种非常开明的态度。

另一种再度被提起的论点看起来相当陈腐，用约翰·列侬（John Lennon）的歌词来说："爱就是一切（All you Need is Love）！"发表这种爱情观点的是第三位发言者，名为阿伽颂（Agathon）的人物。就跟列侬的歌词一样，只不过是用华丽的辞藻取代了曲调，阿伽颂复述爱这个字的次数比他一生的作品还多。阿伽颂说：爱是年轻的、美丽的、有德的、睿智的、和平的、诗意的、治愈的、欢乐的、正义的。他的说法也许没什么错误，不过这种颂词没什么胆量可言，听起来也许更像是当代的自励思想（Self-Help），结果并没有为爱的艺术带来多少启发，因为他说得滔滔不绝、不知休止，听来令人厌倦，内容又过于乐观。不过我们还是能从中得到教训，认识爱情的黑暗面对于适当理解爱情来说同样极为重要。

接下来发言的是一个名为厄律克西马库（Eryximachus）的人物，发言内容也许会让人觉得他对爱采取的是一种科学式的观点。厄律克西马库是一名医生，他提议基于一种宇宙万物的假设展开探讨：爱使这个世界结合，而恨导致事物分离。因此类比来说，好的生活是达到身体和心理的适当平衡。然而，厄律克西马库也许是会沉迷于计算食物中油脂成分的那种人。他也讨论了占卜带来的好处，可以使人接触到宇宙间的潮起潮落。因此我们可以把他当成是"新纪元"（New Age）的拥护者，略微焦躁地讲着迷信的噱头。他热爱美丽的温泉和宇宙的秩序，我们或许可以这样归结他口中的爱情：虽是老生常谈，但姑且无害。

在柏拉图的讨论中，还对爱情的本质进行其他反思。爱是寻找自己失落的另一半，这绝妙的想法出自喜剧作家亚里斯多芬（Aristophanes）。然而，让我们先回来聊聊狄奥提玛：苏格拉底承认，对于爱，他和他的伙伴们的观念并无不同，直到他遇见了狄奥提玛，接着，他的观点就完全改变了，犹如大梦初醒。

狄奥提玛告诉苏格拉底，爱情不仅能使个人脱离孤独的日常而得到幸福，更是构成美好生活集锦的各项要素之中最为重要的成分，囊括健康的生活以及优秀的孩子。爱情更加强大，同时也更令人不安。

这种欲望会使你追求更高的志向，或使你陷入恐惧的深渊。正是所爱充实了自我，尽管我们也最害怕因为爱情丧失了自我。爱情能磨炼你的个性，或是直接吞噬了你。爱情能够唤醒你对美、善的渴望，同时也会使你沉溺于肉欲与堕落。爱情能够使你走上一条有德之路，一旦启动了就会朝着超越性的目标盘旋飞升，或者是使你落入败亡的恶性循环。爱情就像是阶梯，既能直上天国，也能直落地狱。

狄奥提玛是一位祭司，爱情的观点带有宗教性；如同宗教，爱情会使人更好或是更坏。狂喜出神时，爱情能使人超脱自我，达到自我满足的圆满状态。走火入魔时，爱情会反噬自身，甚至置人于死地。不过，仍有一件事是肯定的，一旦你见过了爱的全部力量，人生将截然不同。爱的作用就是如此优异。

这意味着是苏格拉底在与狄奥提玛的相遇后得到启示。她对苏格拉底的影响再深远不过了。"英雄之爱""宇宙万物之爱""性欲之爱""爱就是一切"看起来全是以平庸的方式谈论爱情。根据柏拉图的说法，苏格拉底追随了狄奥提玛后，对爱情发展出全新的论点。想必西奥多在苏格拉底到访时就察觉到了；西奥多自诩为爱的专家，却也彻底为之震惊。她被这宏伟的光景所吸引，尽管她也很可能从中退缩。如果爱情于善于恶都有如此庞大的能耐，那么该如何加以驯服、培育或控制呢？

狄奥提玛的答复会使她的对手感到困惑。这个问题事关性爱，而西奥多正好精于此道，性爱也是她赖以维生的手段。狄奥提玛并不歌颂处女或拥护守贞，不过她认为，关于性爱的话，少做为妙。性爱会激发情感、加速欲望，这是第一步。不过性爱并不等于爱情，因为肉体愉悦只是精神喜悦的回响之一，身体之爱只是美善之爱的其中一种表现。性爱最大的风险在于它是如此令人难以抗拒，如此令人感到满足，会使人深陷其中。因此狄奥提玛建议，生活中有时也许就像安息日一样，停一段时间，把性爱放到一边。让精力加以升华，追求那种不大关乎占有、而关乎沉思的爱情。这就是狄奥提玛对我们的建议。

这种爱欲的转向捕捉到的就是"柏拉图式的爱情"（Platonic Love）这个字眼的原意。正确来说，柏拉图式的关系是超越单纯的性爱，发现能够用其他手段满足爱情的方式。至于"柏拉图式的爱情"的意义变成一种没有爱欲成分的伴侣关系，不仅与现实生活相违，也是对历史事实的误会。

柏拉图归诸于狄奥提玛的爱欲思想在西方已经发展得相当丰富。因此，这个说法的确很公道——这位几乎遭人遗忘的女祭司是爱欲艺术和心灵激情最伟大的催生者。这也阐明了僧侣和修女独居生活的理由，这些人部分基于实践的理由而能够过着快乐的群体生活，部分基于精神上的理由，为了全心敬爱上帝而放弃性爱关系。圣本笃（Saint Benedict）在他为修道院定下的戒律中提到"热爱贞节"（Love Chastity），贞节成为趋近上帝之爱所需要持守的承诺，用来约束自己的爱欲生活。他是把狄奥提玛和柏拉图留下的部分发展下去。

中世纪时期，以非性爱的方式疏导爱欲的这种观念又重新出现在宫廷爱情之中。宫廷之爱被认为是骑士对女士表达的爱慕，一种并非追求性爱满足而是牺牲奉献的爱意。事实上，一般来说，骑士会把自己的爱慕之情献给地位遥不可及的女士，即使她已经结婚了；他们的骑士功业极有可能是被这种无法实现性生活的渴望所驱动。荷兰历史学家约翰·赫伊津哈（Johan Huizinga）如此描述：这是把感官爱欲转化成自我牺牲的渴望，在这种欲望中，男性展现他的勇气，涉险犯难、变得坚强，为他的"淑女之爱"受苦、流血。

这个主题的另一个变体可以在《爱经》（*Kama Sutra*）所描述的东方坦特罗（Tantra）传统中发现。"卡玛"（Kama）这个词可以指性欲和精神的满足。这本爱欲手册的终极目标并不是教导性爱技巧，而是灵魂的统合，透过性的联结进行灵魂修炼。此外，《爱经》的建议是，若是沉溺于性爱会导致个人忽视人生的其他部分，忽视了追求财富、朋友乃至于寻求启蒙的需求，此时就必须加以克制，一段时间内别再做爱。

这种想法如今看起来也许并不讨喜，尽管如此，狄奥提玛还是会声称她的建议具有真实效力。在一段感情关系中，不那么频繁地做爱也变得无关紧要，只是因为从爱得无可自拔演变成爱得游刃有余了吗？难道不就是因为亲密感取代了激情，从而促成了伴侣关系吗？自我启蒙的书籍也许会建议你找些方法调剂性生活，为它再次注入新的性爱激情。狄奥提玛会说这是错的，因为这误解了爱欲的本质，实际上也忽视了爱情最珍贵的部分。相反，应该把你的眼光放得更高，庆幸自己曾经用来追求性欲所投入的精力得到了释放，这些精力也能用来追求更璀璨的目标。

第六章

不得人心的亚里士多德

最从容的边缘人

人生在世，有谁不希望受到欢迎或青睐？就算只是得到赏识也好呀！反过来说，谁会特意选择受人嘲弄而非受人尊敬，孤芳自赏甚于结伴成群，众口交詈而非脍炙人口？事实上，有几位古代哲学家这么做了。他们在受人鄙视的处境中培养出美德，尽管在这些遭到同侪唾弃谴责的哲学家中，不见得每一个人都是主动选择这种困境的。其实，那些非自愿地在众人唾弃的声浪中度过晚年的故事，才是这些哲学家更受人注目的原因。他们之所以不得人心并不是自己真的有什么过错，他们并非自取其辱。不如说，这就是所谓的命运，或是厄运。当幸运女神堤喀（Tyche）或是罗马人口中的福尔图娜（Fortuna）抽出来的签跟你作对，这肯定叫人很受打击，让人很容易感到人生根本徒劳无功。因此，问题就变成如何承受糟糕的命运又不至于变得愤世嫉俗。当这个问题涉及了生活的艺术，就有更为有趣的话题值得探讨。

　　本章要介绍的人物是亚里士多德。他一生当中似乎遭遇了好几次难题，而他也变得非常不受欢迎。结果，他花了不少时间匆忙地在地中海的城市间移动，寻找安身之处。他人的敌意是如何影响他的呢？他又是如何克服敌意而幸存的呢？（假设他的确办到了）研究一下他的人生经历吧！

　　杰弗里·乔叟（Geoffrey Chaucer）在《坎特伯雷故事集》（*The Canterbury Tales*）中提到一位来自牛津的学者。这名男子其貌不扬，衣着既单薄又破烂，因为他摒弃世俗的成就，偏好睿智的哲学，特别执着于亚里士多德的思想：

他宁可在床头，

堆起黑的、红的，二十多卷

亚里士多德的哲理书，

却不讲究穿着，不拉提琴，更不好弦乐。

因此，要是知道实情的话，很可能会令乔叟笔下的这位牛津学士大吃一惊，毕竟亚里士多德本人很有时尚意识，甚至可以说是花俏，至少他年轻时就是这样。"他的小腿修长，眼睛不大，而他的服饰、戒指和发型都相当显眼。"第欧根尼·拉尔修如此形容。我们只能假设亚里士多德的胡子是在他确立了自己的哲人地位之后才留的。

第欧根尼也告诉我们，亚里士多德口齿不清，这是个很有吸引力的个人细节，等你下次浏览他著述的书籍时肯定会再度想起。他著有《政治学》（Politics）、《形而上学》（Metaphysics）、《伦理学》（Ethics）等，由他所编纂的其他 30 多部无可取代的书籍流传至今。终其一生，亚里士多德至少写了 150 部著作。

我们从其他片段的细节拼凑出亚里士多德的形象，他是富有、睿智而充满现世情怀的人物。他第一任妻子名为皮希雅（Pythias），他们生了两个儿子。皮希雅年轻早逝，于是亚里士多德再婚。他和第二任妻子赫皮莉斯（Herpyllis）生了另一个儿子尼科马库斯（Nicomachus）。他还有一名养子尼卡诺尔（Nicanor）。他也视他的追随者及弟子为家族的一员，每当他搬家时，都会带着众人重新定居。

亚里士多德的不得人心肇因于他交际甚广，他对高层政治、低劣的蛊惑人心的政客和无处不在的动荡的介入。但这并不是他刻意选择的命运。我们先整理一下他的故事，他于公元前 367 年从出生地斯塔基拉城（Stagira）来到雅典，时年 17 岁。斯塔基拉是个受人瞩目的殖民地，坐落于两座丘陵的交会处，俯视着一小片岬角。亚里士多德来到雅典拜入柏拉图门下，作为柏拉图学派的一分子长达二十年：一开始是柏拉图学院的学生，后来担任讲师。那想必是个波澜壮阔的时代，最起码光是柏拉图和亚里士多德的关系就对后世造成深远的影响；这两位智性传统的伟人，一位已经功成名就，另一位正年轻有为。

所以，当两人分道扬镳的时刻来临时会痛彻心扉，并不令人意外。据说柏拉图的评述是："亚里士多德如幼驹一脚踢开母马般地抵抗我。"这只踢开生母的幼驹成立了对立的学院"吕克昂"（Lyceum）。由于亚里士多德喜欢边漫步边教学，他和他的追随者被称为"逍遥学派"（Peripatetics）。

亚里士多德和柏拉图的差异在智性传统中造成了巨大的影响。他们有效地催生了研究哲学的两种途径：亚里士多德倾向于实践和分析，柏拉图倾向于理性和归纳法。拉斐尔（Raphael）在他知名的画作中描绘了两位哲学家的差异，他让柏拉图往上天指，亚里士多德则指向地面。你可以这么归结，若柏拉图是自然神学家，那么亚里士多德就是自然科学家。这可以解释为何如今的唯物论者（Materialists）和无神论者（Atheists）通常偏好亚里士多德，因为亚里士多德是更重视经验的思想家，他会观察这个世界并加以分类范畴化。然而，这两人的分歧其实被过度夸大了。大家很容易忘了亚里士多德自愿花了二十年待在柏拉图的学园里。

当他们分道扬镳时，表现出来的歧见对双方都没有造成生命危险，受伤的自尊才是最难抚平的伤痕。无论如何，亚里士多德从追随柏拉图的那几年就开始招来了更多敌人，也许在他还身处学院期间，这算不上什么大不了的问题，任何敌意都能够以辩论为媒介予以释放。然而，到了亚里士多德离开学院的公元前347年，也就是柏拉图去世那年，亚里士多德的人生显然产生大幅改变；个人安危已经成了非常现实的问题，因此他需要四处奔逃。再加上他所处的时代战争不断，尤其是他和两位人物之间的关系为他带来了麻烦，其中一位和他有所联系的是名为赫米阿斯（Hermias）的僭主，另外一位则是亚历山大大帝。

赫米阿斯是阿塔努斯（Atarneus）的僭主，这座城市位于小亚细亚海岸，属于现今的土耳其。亚里士多德于公元前347年旅居阿塔努斯，因为他成为知名的雄辩家狄摩西尼（Demosthenes）仇视的对象。狄摩西尼反对马其顿攻占雅典北部的城镇，而亚里士多德和马其顿王室有所联系，因为他的父亲尼科马库斯曾经是马其顿国王阿敏塔斯三世（Amyntas III）的御医兼好友。狄摩西尼拥有所谓的"三寸不烂之舌"，足以鼓动群众去对付亚里士多德。也许是因为无法继续得到柏拉图的庇护，这位哲学家决定非离开雅典不可，于是就横渡爱琴海去投奔赫米阿斯。

赫米阿斯非常好客，身为僭主（Tyrant）并不必然意味着他是暴君，在古代"僭主"这个词有着特殊的用法，专制的统治者也可以对他的人民仁慈而友善。赫米阿斯为人宽厚，或许是因为他也与哲学为友，或许与他曾亲身在柏拉图的学院学习的经历有关。亚里士多德就是在雅典认识了赫米阿斯。权力和学问交织的人际网络帮助了亚里士多德好长一段时间。赫米阿斯允许亚里士多德和他的弟子进驻邻近一座叫阿索斯（Assos）的城市，他们在那里的庭院专心研究哲学，而赫米阿斯供应他们一切生活所需。

亚里士多德在阿索斯待了两三年，和他的资助者建立了深厚的友谊。两人的友谊又得到亲戚关系的加固——亚里士多德的第一任妻子皮希雅是赫米阿斯的侄女。尽管他透过这门亲事赢得了声望，但后来产生了相反的效果。

赫米阿斯死后发生了暴动。就算他是优秀的僭主，他仍必须行过荆棘之路才能取得这个地位，而传言说他是透过谋杀对手才爬上这个位子的。谣言爆发后，他被政敌出卖给波斯人，然后又被折磨至死。随着赫米阿斯不幸逝世，亚里士多德再度暴露于凶险之中。他必须再一次举家迁逃，回到了出生地斯塔基拉，在命运之神重新垂青之前，他就一直待在那里。

公元前343年出现了转机，亚里士多德成为年轻的亚历山大的老师。能得到这报酬不菲的职位，部分是出于亚里士多德家族和马其顿宫廷的关系。然而，这也是因为当时马其顿国王正在替亚历山大寻找教师，而时年41岁的亚里士多德已经是柏拉图最杰出的学生，也凭一己之力成为大师。腓力二世向整个地中海传信为他的儿子寻找教师，当时也唯有亚里士多德是值得考虑的人选。亚里士多德因此确保了职位及收入。亚里士多德和亚历山大，这两位历史人物建立了另一种强而有力关系——这次是进取的智慧与军事野心的相遇。

臆测哲人和未来的征服者之间的相遇的确很有意思。罗素认为暴躁的亚历山大会"对食古不化的老学究感到厌烦"，然而此时亚里士多德已经褪去了那种迂腐之气。亚里士多德一生中进行了许多科学研究，在搜集标本和证据时养成了一丝不苟的习惯。同样地，亚历山大和他的军队无论旅居何处，也会确保各种生物标本的采集。

亚历山大的传记作者玛莉·雷诺特（Mary Renault）的看法和罗素不同。她认为两人的师生关系应该是很成功的，因为亚里士多德满足了亚历山大对于自我肯定的需求。要想成为半个世界的王者与统治者，自信就是不可或缺的特质。亚里士多德是否感受到亚历山大释放出的能量？他有冒着危险去教育这名学生吗？以我们所知的亚历山大来看，这项任务无异于驯服猛狮。

亚里士多德想要教给他强大雇主的其中一项课题是政治学。他深信，对人类而言，政治学并不是可有可无的学问。他认为人类是"政治性的动物"，我们的天性就是会群居，也就是说，我们天生就是会为了生活而群居在一起。你在地球上能见到的孤独人类不会比形单影只的蜜蜂或蚂蚁多。人类就跟蜜蜂或蚂蚁一样，是为了社群而生，要是人类发现自己被孤立、不受欢迎，就会受到天性和欲望的驱使去克服困难，设法建立新的联系、寻找新的朋友。没有同伴的感受无异于死亡，那么你就能明白——在亚里士多德眼里，不得人心是多么严重的大事。

而后，教育这位王子的下场是再度招来威胁。不出所料，亚里士多德无可避免地被卷入了现实政治起伏不定的浪潮。时间来到公元前336年，该年秋天，亚历山大的父亲腓力二世国王猜测自己被刺杀是有内鬼的行动，也许其实是出于亚历山大的授意。毕竟，他就是父亲逝世的主要受益者，而且他们之间没有多少亲情可言。然而，亚里士多德不同意这种看法，他冒着会引来后续余波的风险把他的想法记载了下来。他确实为我们提供了当代唯一可见的事件记录，描述刺客和腓力二世之间是如何形成了个人宿怨，换言之，暗杀事件和王室成员毫无关系。

亚里士多德的评论能够迎合亚历山大。他自己向这位国王靠拢，然而在现实政治中，和某人成为朋友的瞬间就是与其他人为敌。这无可避免，世界就是如此运作。

政治是一场博弈，当然也可以用来行善，亚里士多德在某些情况下也致力于运用他和统治者接触的机会。公元前330年，亚历山大在位期间的另一个场合，亚里士多德的声势评价水涨船高。我们知道这件事是因为他对公众生活的贡献而获得了荣誉。奖励的铭文留存至今："使亚里士多德和卡利斯提尼（Callisthenes）得到赞赏加冕，要管事予以记载……竖立在神庙。"这篇铭文是纪念他们两人对皮提亚运动会（Pythian Games）历史的研究成果。这项荣誉在古代皮提亚神谕的故乡德尔菲（Delphi）授予两人。

三年后，悲惨的故事降临，又是与卡利斯提尼有关。现在这不幸的小伙子被卷入某个谋害亚历山大的阴谋，虽然他很可能是无辜的，只是口不择言而已。作为惩罚，亚历山大把他锁在铁牢里，卡利斯提尼在铁牢受到寄生虫的侵扰而日渐消瘦，最后被扔去喂狮子结束这段折磨。亚里士多德肯定会为他的外甥哀悼，同时也得担忧自己的安危。

他有很好的理由支持他确保自己的安全，而且当亚历山大去世时，这理由就更加充分了。这起重大事件发生在公元前323年6月，迫切而迅速地影响了亚里士多德。我们知道他在几个月内就逃到另一处收容他的家乡，这次又是雅典。曾经对他友善的命运又再次跟他作对，而且跟过去如出一辙，他自己没犯什么大错。究竟是怎么一回事？

随着亚历山大逝世，雅典的反马其顿主义（anti-Macedonianism）再度盛行。更糟的是，反马其顿的派系是民主派，而他们知道亚里士多德对于民主制度有所抵触：亚里士多德害怕人民的统治会沦为暴民政治，因此写过不少评论。这些想法很容易遭到曲解，也可能是刻意曲解。亚里士多德的政敌在亚历山大去世后形成的权力真空期，逮到了机会重新掌权。他们低声私语着：这个哲学家是亚历山大的人马，他和他的家族无异于雅典的压迫者。有证据显示，有人不外乎就是想要亚里士多德血债血偿，神奇的是，这份证据正好出自上述公元前330年用来纪念亚里士多德和卡利斯提尼的铭文。铭文之所以能留存至今，是由于它在被发现之前一直躺在德尔菲的井底。铭文被猛然砸入洞里，想来是聚集起来示威反抗亚里士多德的民主派暴民干的好事。

　　暴民砸毁这座石碑，也许是暗示亚里士多德没有尽到他最大的职责——教育亚历山大。他何以没有驯化、磨炼亚历山大？他是否也鼓动了亚历山大对外扩张的野心？这时髦的家伙肯定是沉迷于财富和权力！类似的指控也发生在苏格拉底身上。苏格拉底曾是阿尔西比亚德斯（Alcibiades）的老师，阿尔西比亚德斯是另一位魅力十足的将领，最终却反过来对抗雅典人。这层关系在亚里士多德身上挥之不去，他曾对友人说，他不想让雅典人由于对他的死负有责任而对哲学第二次犯罪。[①]

　　简言之，亚里士多德和毕生所属的群体纠缠不清，他也不得不参与其中。毕竟这就是人生在世的生活之道。这为他带来了一段时间的名声和影响力，他也想加以利用。但是随着亚历山大的去世，命运无疑遭到干预，他的好运已经用完，现在受人唾弃。

　　这段经历肯定非常痛苦。除了这一切，他曾在雅典创办了学院，运作了13年。而后，在他缺席的情况下，这所学院毫无兴盛的迹象，其实往后的数年间也越来越无人问津，和其他古代哲学学派的学校，例如伊壁鸠鲁学派和斯多葛学派比起来相形见绌。现在，是他最后一次离开雅典，亚里士多德去了位于哈尔基斯（Chalcis）的旧家族庄园。如今，从雅典开车再加上搭乘渡船不出几个小时即可抵达，然而在当时对亚里士多德而言犹如咫尺天涯。孤立及放逐的生活使亚里士多德偶尔会抱怨自己远离国家大事，虽然他多数时候还是能够找到调节之道。他写信对一位友人安提帕特（Antipater）说："关于我在德尔菲被授予的荣誉，虽然已经遭到褫夺，但我的态度是，

---

①这是指雅典人曾通过公民投票判处苏格拉底死刑。

我既不耿耿于怀，却也不无动于衷。"

那么，亚里士多德是如何面对他的不得人心？秉持终身的哲学起了什么作用？看来，哲学确实使他与众不同。

亚里士多德的遗嘱被保留了下来，当中的细节相当感人。他没忘记他的女儿："这女孩千万别出什么意外（这是上天所不容的，也不会发生）……"他把年轻的孩子托付给尼科马库斯，要求他"身兼父亲、兄长"。赫皮莉斯也受到妥善照顾，"她待我很好"，亚里士多德如此回忆，还希望她继承他大部分的金钱和财产。他也要求和第一任妻子皮希雅的遗骨葬在一起。亚里士多德还对他的奴隶做了宽大的处置："让他们得到应得的自由！"他如此下令。而最吸引我们的是，在他人生末年承受如此孤独的情况下，遗嘱开头却写道："随遇而安。"（All will be well.）

这句话凸显出积极的态度，也充分表现了这位老人的性情。即便他的好运已经到头了，但他似乎很能顺应自己的人生经历。他很可能已经断定自己死后将遭人遗忘，也接受了吕克昂学院的失败。毕竟悲痛也是很有风险。那么，这种乐观的心情源自什么？

亚里士多德于30多岁前期写了一篇名为《哲学的邀约》（*Invitation to Philosophy*）的论文，当中提供了一些线索。这篇文章并未被完整保存下来，但还是点出了他能够常保知足的关键因素。他主张之所以值得从事思考推论和调查研究，并不是因为能够带来什么利益诸如权力、影响力、财富或知名度；反过来说，也不应该因为从事这类活动可能带来的厄运就罢手不干。准确地说，哲学和科学本身就有好处。哲学和科学的追随者能够在生活的沉思、宇宙万物的理解、人生的价值中得到训练。亚里士多德赞同一位古希腊早期哲学家安纳萨哥拉斯（Anaxagoras）自问人生意义为何的说法："在于观察天象和日月星辰"。亚里士多德认为这就是人类存在的目的，有着这样的目标，人类那似神的智性才有意义。而这样的品德经过适当培养后，就能够驾驭任何不幸的风暴，即便是面对能够对人类这种"政治性的动物"的福祉造成极大伤害的"不得人心"。

在另一处，他所著的《伦理学》中，亚里士多德也说了类似的话，读起来感觉跟他遗嘱开头那句话一样熠熠生辉：

我们不应该听从这样的建议——他们说，作为人类，既然是会死的凡人，就应该像人一样把眼光摆在死亡之上；相反，我们应尽力臻至我们天性中的不朽境地，依我们天性中的至善而活。

亚里士多德感到他实现了自身最为崇高的部分——理性的力量。就算他不得人心，还是能安详离世。经历了一切之后，他还是能主张随遇而安。如果你能对自己这么说，那其他人的看法就不值一提。这就是亚里士多德给我们的忠告。

第七章

埃里的**皮罗**拥抱怀疑、乐于无知

世上万物皆幻象，别妄下判断

我们可以说是活在一个特别渴望知道一切的世界。我们搭火车时，会期待知道精确的出发和到站时刻。当我们病了，会希望医生能够预料病情变化，并直接告诉我们。我们存了一点钱，会想要确保一定的利息收入，并采取保险措施以降低损失。同样，现在有人会控告坦承自己知识不足的教师，咒骂承认施政错误的政治家。如今世人对确定性的着迷程度，想必会让一到两个时代以前的先人大感诧异。

这种情况至少和科学有关。科学无疑是人类用来传递知识的各种发明中最为成功的手段。随之迎来的文化就开始大力颂扬法则、解答、尺度、事实；而且喜爱阳光甚于星光，偏好清晰甚于神秘，倾向证据甚于理念。这样的文化在今日具有极大的影响力。

但是如此黑白分明的世界是否错过了什么？与其总是决定某事是否可信、是否真实，那么保持一种暂且怀疑、暂缓决定的心态，对于我们"可能不知道"或"终究不可能知道"的事保持开放的态度，会不会更好？济慈（Keats）把这种态度称为"否定能力"（Negative Capability）："保持不确定性、神秘感、怀疑的态度，毫不急躁地追求事实或理由。"早于济慈的柯立芝（Coleridge）颂扬"搁置心态"（Suspended State），认为这是一切真正想象力的源泉。

古代哲学就是在科学第一次掌握了想象力的时代登场。当时产生了第一批惊人的理论，例如世界是由物质所构成的，同时还有技术上的壮举，例如雅典帕特农神殿（Parthenon）的建造。接着，迎来诸如亚里士多德这样的代表性人物。然而，有些哲学家担心情况正逐渐失去平衡。他们也许是要以身作则，让人知道过于追求确定性的话，我们的世界也会失衡。

埃里的皮罗（Pyrrho of Elis）就是这个议题的优良典范。他大约是公元前365年生于伯罗奔尼撒的西北部，他早年醉心于哲学。我会把他想象成学习艺术的年轻学子，年少轻狂时就接触了激进的想法，并勇敢地进行试验，实践这些理念。奥斯卡·王尔德（Oscar Wilde）在他的著作《谎言的衰颓》（*The Decay of Lying*）中写道："并非艺术模仿生活，而是生活模仿艺术。"皮罗应该会支持这种想法。

皮罗先是受到梅格拉的斯提尔波（Stilpo of Megara）影响，然后是阿布德拉的安那克萨图斯（Anaxarchus of Abdera）。这两位哲学家都以对事物的漠不关心而知名，这是他们在戏剧性的故事中留下来的形象。据说斯提尔波让土匪洗劫他家并毫不抵抗地说，他的智慧就是最有价值的财产，别人根本带不走。安那克萨图斯也以"知足"闻名于世，被嫉妒他的赛浦路斯（Cypriot）僭主定了死罪，死刑的执行是要在巨大的白钵里将其捣成肉泥。而他的反应是：被敲击的是白钵，而不是安那克萨图斯。

安那克萨图斯也曾随着亚历山大大帝的军队去过印度。皮罗时年约35岁，追随安那克萨图斯的这趟旅程成为他人生的转折点。身为年轻人，他曾盼望名声，不顾一切地寻求其他人的赞赏，希望获得肯定的渴望而孕育出不安的精神和鲁莽的性情，就像艺术学子想要确保自己能在这世上留下痕迹一样。然而在印度，皮罗似乎得到转化人生的经验，至少这个地方使他明白自己必须明智地疏导欲望，否则将会自取灭亡。

皮罗在印度待了18个月，有一段时间是在塔克西拉（Taxila），这个地方位于今日的巴基斯坦（Pakistan）地区，邻近穆里山（Murree）、塔姆拉纳拉河边（Tamra-Nala river）。这里就是著名的"裸体哲学家"（naked philosophers）所居住的地方，因为他们乐于不穿衣服，被人称为"天衣派信徒"（Gymnosophists）。有一天，皮罗得知他们当中有人谴责他的导师安那克萨图斯，因为他教导他人何谓美好人生的同时，却无法好好保护自己的人生。这位哲人嘲讽道："当你还在国王的宫廷内奉承君王时，就不可能为他人指点真正的善。"这引起了皮罗的共鸣，以卑躬屈膝的态度向人奉承正是他很容易犯的毛病。从这时起，他意识到必须致力于实践自己的哲学，而非纸上谈兵。他决定放弃原先幼稚的人生目标，学习庄重与沉着。

在人生的下一个阶段，皮罗发展了许多技巧，目的是扭转他的年轻气盛。也许最显著的方法是暂时摆脱俗世的纷扰，隐居以获得一段独处的时光。他也引用了一则荷马的祷文："人的一生犹如树上的叶子。"他就像做祷告般不断引述这句话，当人生需要安全与确定的状态时，这个诀窍能稍微保持一定的平衡。

他也学会重视自己和任何人的讨论，无论对方是说得煞有其事还是平凡无奇。他再也不鄙视任何人，此外，就算听众心不在焉而沉沉入睡，或是转身离开而弃之不顾，他亦能坦然处之，冷静地把话说完才离开。

回到了希腊，他和姐姐住在一起，在屋子里打扫灰尘，带着家禽上集市贩售，做这些女性的工作也不以为耻，也总是泰然自若。有则故事是他某次航行于海上，遭遇了猛烈到令所有乘客绝望的暴风，他仍然不为所动。

皮罗也学会了自嘲。某天，他被一条凶恶的狗袭击时吓得节节后退，因此路过的人和批评者认为他们抓到了这位"不动之人"的把柄。皮罗恢复镇定后，莞尔笑道："一直保持平静并不容易。"他坦然承认："还需要更加努力实践自己宣扬的道理。"

他思想成熟之后表现出来的气质，使他获得许多追随者。到了晚年，他的家乡任命他为大祭司，值得注意的是，他的一些同侪肯定记得他过去曾是个附庸风雅、恃才傲物的孩子；先知在自己的家乡往往并不受到欢迎。弗利奥斯的提蒙（Timon of Phlius）也是见证者之一。提蒙认为当时多数的哲学家都是废话连篇或夸夸其谈，因而加以鄙视，却察觉到皮罗的思想有其原创性及可靠性：

噢，皮罗，我内心盼望听闻大地如何培育你，尽管你孤身一人，举动极其安适冷静，未尝忧心，一贯地泰然自若，难道你不为天旋地转的变化和智慧的甜言蜜语分神吗？你独自引领众人，如游荡于大地的神祇，旋转展示着这多姿多彩的地球，使这天体表面发出炫目的光芒。

皮罗跟苏格拉底一样述而不作。他把印度瑜伽的训诫彻底内化，实践就是一切，身教胜于言教。他不希望追随者为了他的思想起争执，而应该遵循他的生活模式。据说，他曾被重复提问，并被恳求详加解释他的观点，毋庸置疑是出自年轻人的要求，那是基于自身对于确定性的需要，跟他过去一样。然而这种要求有时太过火了，某天他被夹在一群人和一条河之间，于是干脆脱光衣物游到堤岸另一边溜之大吉。

皮罗之所以抗拒布道，还有另一个更难以捉摸的理由：重要的不仅是实践，还包括在实践过程中的经历。与单纯滔滔不绝地讨论学习正好相反，唯有坚持于实践的过程，人们才能体会真理。学说往往是静态的，这类准则是深思熟虑后的结果，是自我探索的顶点，若众人只是复述这些准则，也许就无法体会深思熟虑和未确定性的经验实际上是如此珍贵。最为重要的是，皮罗希望大家学到：如何拥抱怀疑、乐于无知，借以培养"否定能力"。这种态度和精神是他思想成熟后的信念基础。

我们可以深入探讨皮罗说过的话来挖掘出更多的含义。他的言论少部分得以流传至今，深思之后妙趣横生。认真读过之后，你必须先凝视着这些话语的表象，然后深入到这些话之中，体会更深刻的寓意，也就是说，一开始就要做好准备，而非仅仅是考虑这些话是否为真。有一句是这样的：

无物为真，诸行乃人之常袭。 （Nothing really exists, but human life is governed by convention.）

这句话表面上看起来是夸大的陈述，似乎意味着世上所有经验和事实都是幻象，我们所思所处的一切都只是共识或约定俗成，并非真理本身。

再思考这个论述：

物无非彼，物无非此。 （Nothing is in itself more this than that.）

亚里士多德与皮罗所处年代接近，身为科学的先驱者，他并不同意皮罗的观点，于是以逻辑来攻击这些观点，并且宣称它们"自我反噬"（uroboric），就是说，它们像衔尾蛇（Ouroboros）一样吞噬了自己的尾巴。如果一个肯定句既不为真，又不为假，就没有办法辨别它在肯定和否定之间的差异。因此亚里士多德宣称皮罗的思想毫无意义，不值一提，在拓展人类知识的领域中毫无地位。

然而亚里士多德误解了。这类陈述并不是只能从表面的意义去理解，倒不如说是要设想成"禅语"（koan），它们这突出的矛盾要达成的效果是使人确切地体悟更深刻的真理。如果能够在表面的无知状态中停留片刻，最后获得的就是更丰富的想象力和更巧妙的洞见。也许如今我们要透过与佛教思想的比较才能更趋近这种方法（两者的起源也许非常接近，因为这是希腊人探访印度的成果）。

第一句："无物为真，诸行乃人之常袭。"类似佛教的观念：万物因缘相生。一切事物都和其他事物相关，没有任何事物是毫无因缘的存在。这不仅意味着所有的"果"都是由"因"造成的，所有的"因"也是由其他"因"造成的"果"。这也许会使人困惑不已。这种思想在存在主义的层面上使人不安，像是突然意识到自己踩进了深不可测的水里。你向下一看，深不见底。不过皮罗的建议是再度凝视流水，把"看不透这水深度"的恐惧转化成"这水究竟有多深"的好奇心。好奇心和恐惧同样是基于你自身的种种天性、意识、个性、经验。这些天性交错的结果是使忧虑缓解，同时激起了兴趣。"无物为真"就变成一种邀请，而非诅咒。

第二则留存的残篇："物无非彼，物无非此。"可以当成是接近佛教的思想，指引众生放弃对事物的执着或紧握不放。如果你意识到其实一切事物都没有所谓的本性，端看我们要如何从各式各样的不同观点来加以理解，那你就有可能更坦然地接受各式各样的观点，或是更容易面对任何情况下的人生境遇，即使在喧嚣中也能获得宁静。

然而，这类洞见无法由学习获得，必须找到体会的方法，领会重于解释。因此皮罗主义（Pyrrhonism）强调实践，方法就是先别对你设想的世界妄下定论，并且探究出大相径庭的可能性，这就是自觉地拥抱怀疑。

这样的方式捕捉到的就是"怀疑论者"（Sceptic）一词原初的意义，和现今的用法稍有不同，并不是说表示怀疑或不可置信的人就是探究者（Inquirer）或寻求者（Seeker）。因此，成为怀疑者是意味着，会去探讨那些尚未彻底领会或目前还只是匆匆一瞥的看法。矛盾在此时很有用，他们会提出主张，探究之后又否定这个主张，依此保持怀疑的探求态度。以学术性字眼来说，怀疑主义（Scepticism）是一种"具辩证性"的生活方式。在佛教的用语中，他们所追求的是"不二中道"（Middle Way），不二中道是排除像亚里士多德那样的假设——对一切纯粹逻辑分析，坚持将语句和学说当作是获得知识的手段。皮罗提供了另一种生活方式，在这样的人生中，采用的并不是科学的手段，而是以直觉进行研究。皮罗主义者（Pyrrhonists）坚称他们的论述并非积极信念，而是比较接近消极指引（Negative guides），消极之处在于努力否定表象。他们并不妄下结论，而是多方比较，他们并不通过理性判断，而是持续运用想象力考察一切。

生活中的确难以维持彻底的怀疑态度，更有可能发生的是个人在两种情况之间摇摆。一是成功搁置自己的信念，深深地注视事物；二是依赖日常生活中或多或少的直觉。许多类似的信念单纯就是日常生活不可缺少的信念：要是突然对"无物存在"信以为真，我看你大概连早上都不用起床了。科学相应的律则、解答、事实、原因都有其用处，尤其是当你想搭火车、发现自己生病或不想损失金钱的时候。然而怀疑论者体会的是，无论你感到世界所呈现的直接经验有多么具体，片刻的反思就会揭示周遭事物的构成并不是那么稳固，而终其一生的反思就会得到这样的洞见：万事万物从本质上来说并不是真正存在的。

这对现今的生活方式，尤其是在非佛教徒眼里能起什么作用？有些人把怀疑主义当成教条，他们通常被称为"相对主义"（Relativism）。相对主义的信念是一切都不为真，假如一切都不为真，那当然连相对主义本身也不会为真。那么，作为一种教条，相对主义在张口之间就"吞了自己的尾巴"。这显示了把怀疑主义当成是某种形而上学系统来加以拥护的根本错误，虽然说，这其实也是一种对确定性的执着；人们偏好得到像"无物存在"这样的断言聊以慰藉，直接放弃"正是如此"（tout à fait）的主张。皮罗会说："绝非如此！真正的怀疑论者还是得过现实人生。"

或许，至少在一定程度上，我们可以从近代挑出一些例子看看皮罗的目标是否有人达成。其中一个相关案例是达尔文（Charles Darwin）的个人反思。他在写《物种起源》（*Origin of Species*）时，时常对"上帝存在"有强烈的信念。他所感受到的是"基于人类对几率或必然性的无知，就算是有能力预知后事甚至是预见未来的人，也会认为，要构建这巨大而美妙的宇宙是极为困难的，不如说是绝无可能"。他感到不得不假设某个具有智性心灵的第一因（First Cause）创生了一切。然而，他继续思考下去，这个信念就越来越弱。就是因为皮罗主义者的怀疑态度与科学证明正好相反，致使这个信念被弱化。"人类的心智正如我所彻底相信的是从最低等的动物所拥有的心智发展而来，那么就此推导出这么宏大的结论是可信的吗？"达尔文凝视着人类的心智，注意到人类在面对着这庞大未知的条件下，倾向于归结出这宏大结论其实缺乏任何基础。他的不可知论（Agnosticism）是某种怀疑精神的觉醒。

另一个当代怀疑主义的相关反思肇因于有消息指出皮罗一开始是一名画家。如果这消息为真，那么以下这个案例就丝毫不叫人意外了：我们可以从英国雕塑家亨利·摩尔（Henry Moore）的人生中发现相当契合皮罗主义的经历。

摩尔对与自己作品相关的判断存而不论。他在某次采访中描述：有位荣格派（Jungian）的理论家送了他一本解读其艺术作品的专著，要求他阅读。这部著作试图理解、解释他的艺术作品，破译出其中的真相。摩尔手里拿着这本书犹豫了一下，然后解释原因：

我读完第一章后，认为自己最好停下来，因为它把我的创作动机解释得过于深入了。我认为再读下去并知道一切，会对我从容悠闲的创作步调造成妨碍。我其实更倾向别过度讨论某人的作品，别解释得太多。大家可以讨论一些无关紧要的事，但我认为，一旦试着深入到作品深层动机和理由的程度时，就会对继续创作的动力造成妨碍，这点我很肯定。

这段评述迷人之处在于：摩尔感觉到这本书也许用自己的引述资料或专业术语提供了部分的解释，然而他知道，并不存在什么全面的解释能够解析自己的作品，也确实没有任何解释会胜过作品本身所能传达的一切。所以，他选择不要被这类知识拖累，不去追寻所谓的事实和理由，他更愿意回归济慈的观点，继续充满想象力地沉浸在女性和母性形式的相关艺术追求之中。

解析艺术的风险在于，表面上的充实圆满可能会排除其他同样促使作者创作的未知动力，并不是说我们对作者或他的作品什么都不能谈；不如说，关键在于知道何时该罢手。要知道，当一个理论务求理解一切时，很可能实际上会浇熄创作者的动力灵感。

摩尔也提到，为了自知不可能达成的完美而奋斗，其实比容易达成的完美更有价值。再度强调，这是怀疑主义者的观点，实在是笔墨难以形容。

另一个极具创造性的当代人物是精神分析的奠基者弗洛伊德（Sigmund Freud）。在他的传记《弗洛伊德之死》（*The Death of Sigmund Freud*）当中，该书作者马克·埃德蒙逊（Mark Edmundson）

总结了他感受到弗洛伊德晚年的人生态度和存在的重大问题。部分内容可以当成一种皮罗主义者的"信条"来读，充当我们本章的结论——这是要当成生活方式，而非一套学说：

在弗洛伊德眼里，有自觉的人（怀疑主义者）一直在解构各种上帝的替代品，再度回到更加怀疑、更为讽刺性的中间立场。理智或相对理智的自我总是被这个"真理"或那个"真理"欺骗（我们对真理的渴望极为强烈，这就是众人的习性），于是再度回归自我，寻找更合理的权威。他不断检视自己的经验，筛选资料，从往日及日复一日的生活所呈现的知识中寻找适当的确信之道。他最后既不会屈服于什么都不信，也不会相信伟大的"唯一真理"。他的人生就是持续自我批判，即便在不断惊觉自己如此频繁地沉迷于一个又一个崇拜或决定之后，无论如何，他还是能刻意收手放弃执着，试着怀疑一切。不过他也过着一种探险的人生，享受不可预期的愉悦，迎接各种暂时性的真理和新鲜的可能性。他觉得维持这种平衡比侥幸活着还要重要。

第八章

备受误解的伊璧鸠鲁

少即是多的极简主义

我们应该为伊壁鸠鲁感到遗憾，他可以说是所有古代哲学家当中最被人误解的一位。他的名字已经成为与其所支持的主张意义正好相反的代名词。根据我手上的字典，"伊壁鸠鲁主义者"（Epicurean）的意思是指"沉溺于感官愉悦的人"。这会使人想起极端的享乐主义（Hedonism）、纵欲、堕落。

事实上，伊壁鸠鲁的人生显示他献身于某种非凡的哲学，而且也能适用于我们这个消费时代。这种哲学能用很简单的几个字来概括："少即是多"（less is more）。

他生于公元前342年的萨摩斯岛，邻近小亚细亚，当时是雅典人的殖民地。18岁那年他去了雅典，之后就再也没有返回家乡。这期间因亚历山大大帝去世，导致整个地中海地区发生了一系列的政治动荡、骚乱，萨摩斯也不再是安全之处，因此他转而前往小亚细亚大陆上的克勒芬（Colophon）。克勒芬非常漂亮，"Colophon"这个词在希腊语中的意思是"顶峰"，这座城市就是置于山脊之上的冠冕。该地特别吸引伊壁鸠鲁的理由是附近有个叫提欧斯（Teos）的城市，那里住了一位哲学家瑙西芬尼（Nausiphanes）。

瑙西芬尼曾师从于皮罗，也是自然哲学家阿布德拉的德谟克利特（Democritus of Abdera）的信徒。在伊壁鸠鲁出生的一百多年之前，德谟克利特的行踪遍及整个中东地区，甚至远到印度，活了超过100岁。德谟克利特所发展的"原子理论"（Theory of Atoms）也被伊壁鸠鲁所采用，事实上，原子理论也成为伊壁鸠鲁生活方式的根本基础。

你可能会说事物的原子形态就是那么简单的假设，连你也能想象。所有宇宙万物的精妙、复杂之处都可以简化成这些最基本、不可分割的存在单位，一切都是由原子所构成。这是一种物理学式的理解，能够排除过度的臆测，以最小单位、最为简练的基础就能推导出整体结构。

这种简单的特性可以适用于一切事物，因此可以看出原子理论是多么吸引伊壁鸠鲁。伊壁鸠鲁的原则"少即是多"可以说是取自于宇宙的结构。

伊壁鸠鲁看不到原子，当然德谟克利特同样也看不到，不如说德谟克利特是透过推论肯定原子必然存在。如果物质是无限地可分割，你就可以根据这样的理论一直分割下去，分割到什么都不剩。当然，有不可能从无中产生。因此，物质不会是无限地可分割，一定会包含不可分割的单位，这样的单位就叫作"原子"。

该理论接着说：这种原子在"虚空"（void）中占据了位置，且不断移动。原子相互碰撞后形成混合物（Compounds），而混合物再构成这世上我们所能看到的事物或形体。我们能够感受到周遭的事物，其颜色、气味、声响是相应于我们接收这些原子的方式，而不是原子本身的模样。话说回来，我们的知觉不过是原子在我们身体之中重新排列的结果，毕竟我们自己也不过是由原子所组成。如德谟克利特所说："我们习惯感到甜、习惯感到苦、习惯感到热、习惯感到冷，然而只有原子和虚空实际存在。"

世界就是无数原子漫无目的在无尽的空间中加速运动，这种设想下的宇宙似乎过于冰冷。然而，在伊壁鸠鲁主义者眼里，这是种解放。我们就是生活在物质世界中的物质性存在，没什么好忧虑的了。换言之，我们无拘无束，跟在家里没两样。

据说并没有多少人接受这种学说。原子理论是非常美妙的想法，只是也太过简化了。这些运动的微粒如何重新排列构成我们所观察到的颜色？这些随机乱窜的粒子如何变成我们经验的道德品德，例如美、善、自由意志？既然我们看不到这些原子，只是极其含糊地假设原子的存在，到底证据在哪？

多数的希腊人认为原子论（Atomism）非常古怪，然而伊壁鸠鲁并不这么想。也许原子论对伊壁鸠鲁个人或哲学上很有吸引力的原因在于，原子论蕴含了极简主义（Minimalism），很契合他颇为简朴的性格；他似乎相当刻苦禁欲。不管这种性格到底是结果还是原因，总之伊壁鸠鲁的健康状况很差。他有一名弟子迈特罗多鲁斯（Metrodorus）写了篇题为《论伊壁鸠鲁的脆弱体质》（*On the Weak Constitution of Epicurus*）的文章讨论这件事。伊壁鸠鲁认为担心病痛没什么意义，那只是原子的作用。的确，愉悦本身充其量就是缺乏痛苦，而痛苦也不应该被看得那么严重。抽痛、伤痛、酸痛、悲痛都只是原子碰撞的结果，要是稍有不幸就会遇到。伊壁鸠鲁于公元前 270 年死于极为痛苦的肾结石，却从未抱怨过。他写给友人赫马库斯（Hermarchus）的最后一封信中记录了他的感受：

在我生命中最快乐、也是最后的一天，我的膀胱及肠道承受着无以复加的疼痛。然而藉由回忆起我们的推理及发现，我的灵魂所产生的满足感抵消了我的痛苦。

如果你能接受这封信的证词，那么这肯定称得上是伊壁鸠鲁"少即是多"的实例，他以极为不平凡的方式体现了这种哲学。由于原子论是撇开了宇宙万物的复杂性去理解基本粒子的本质，因此伊壁鸠鲁能够理解那些使自己苦闷不已的复杂状态，理解疾病是如何在物理层面上影响他，同时也影响他的情绪和心智，并接受病就只是病。

也许这就是伊壁鸠鲁学派疗程的作用：如果你相信唯物论，发自内心相信，那你就能从许多人负担的忧虑中得到解放。不需要担心诸神，因为他们无法控制原子的运动；不需要害怕死亡，因为这只是原子运动的停止；不需要再为痛苦焦虑，正如以上刚看过的实例；不需要解读什么预兆，那只是迷信的古代习惯。也许闪电会劈中某棵大树，诸神似乎在要求献祭公羊或公鸡，某人可能会得到"启示"，古老的神话会警告你不要在神圣的树林徘徊。无论如何，伊壁鸠鲁的建议是抛弃这些传说，无视这些"迹象"。正如原子是各自在虚空中散发流动的，因此诸神也是让人类自求多福，创造自己的未来。雷电和启示都同样不过是原子流动的效果。诸神不大可能会看到你所供上的祭品，同样也不会在树林中为你现身。伊壁鸠鲁接着说道："一旦遇到天象变化，必须相信运动、偏移、日食、日升、日落等相关现象的产生并不是因为神明出手帮助、主宰或打算主宰人间。"伊壁鸠鲁主义（Epicureanism）解释了一切现象，解释得毫无遗漏。

这种说法很有现代风格，当你认真看待这种哲学，不仅仅是相信，而是渗透到你的存在，就会有惊人的发现。许多人赖以为生的剧本瓦解了，阻碍着他们的限制被取消了，诸神般的幸福变得可能在此生实现。伊壁鸠鲁认为，至乐的泉源就是依据本性生活。若是能接受原子论作为你有限生命的根本真理，你也能享受诸神般的幸福。

从最基本的意义来说，这种哲学使我们领会自己的局限性，也就是"少即是多"的原则带来的另一种反思。举例来说，试着思考"想要变得幸福"这种欲望，当人们在说想要变得幸福，他们关心的并不仅是现在想要幸福，而是无限期的未来能够幸福，并且能够喜上加喜、乐上加乐地享受幸福。不过这种历时长久的愿望很难获得保证，特别是因为我们迟早会死。于是这种欲望就会导致某种不祥的预感，结果欲望本身就成为不幸福的原因，至少会使人并不那么幸福。

伊壁鸠鲁如何调解这种"渴望幸福实际上反而引发不幸福"的悖论？他指出，你现在拥有的幸福存在既定的固有限制，因为在任何一个瞬间，你所能享受到的喜悦就是只有这么多，在未来能够享有的种种幸福时刻也都是如此。如果你考虑到时间的本质，并视之为一系列有限的事例，那么很快就能领会到：无论你活得多久，幸福本身也存在固有的限制。伊壁鸠鲁的论点是："若是透过理性来衡量幸福的限制，无限时间和有限时间内得到的愉悦分量是相同的。"于是，我们得到的教训是，幸福的分量和长短都有其限制，无关乎寿命多长。接受了这点你就能变得更快乐；接受了伊壁鸠鲁的原则"少即是多"，受到限制这回事也会变成一种祝福。

顺着这个思路继续发展，伊壁鸠鲁会要求我们思考什么是生活的基本需求，什么又是额外的累赘。他思考之后的结论是：人类会说自己需要三种不同的事物，但事实上真正需要的只有其中一种。所以，若是你能将另外两种视为累赘并加以摆脱，就能过上更适度（依据人生固有的限制活得很好）、更惬意的生活。这里有句相关的格言："所谓的欲望，有些是自然且必要的，有些是自然却不必要的，有些则是非自然又不必要的，不过是毫无根据的意见产生的结果。"那么，伊壁鸠鲁又想表达什么？

首先举一个自然且必要的实例，就是对水的欲望。每个人都需要喝水解渴生存，所以想要喝水很明智，这也能使你非常快乐。这就是一个"自然且必要的需求"的例子。

然而，不必要的需求可能接踵而来，于是就为第二个种类"自然且不必要的需求"带来了实例，也因而舍弃了第一种需求。这相关的例子就是"瓶装水"：每个人都需要喝水解渴和生存，然而并没有受惠于伊壁鸠鲁哲学的人也许会把自然的需求发展成执着于瓶装水的需求。他们会说服自己，自来水并不安全，喝起来口感不好，在餐厅里要求喝自来水感觉很穷酸。但是这么做是在增加不必要的需求，也是不幸福的根源，他们体现的是一种错误的哲学——"多多益善"。因此，伊壁鸠鲁的建议会是拒绝选择瓶装水。

事实上，瓶装水也可以当作第三种"非自然且不必要的需求"的例子。瓶装水既不自然也不必要的理由是太贵了。瓶装水有多贵，从你掏钱付款的账单上就会更加明白，餐厅里付钱买的也是一样；即使是最便宜的瓶装水，也是贵得一点都不自然。举例来说，一瓶一英镑的水，以体积来算就比你为车子所加的同等油量还贵了三倍。天上降下来的水竟然比油贵了不少，然而石油光是从地底提炼出来就得耗费一大笔钱，这就是昂贵的瓶装水既不自然也不必要的原因，这种习惯已经深深地渗透进了非伊壁鸠鲁主义者的生活之中。

伊壁鸠鲁的影响力日渐增长，后来在柏拉图的学院附近建立了一所学校，被称为"花园"（Garden），他的教诲延续了好几个世纪。也许这座花园开出来最灿烂的花朵是诗人卢克莱修（Lucretius）的妙笔生花。他的《物性论》（*On the Nature of Things*）是世界文学经典著作。以下是有关原子的部分：

因为原子在虚无空间中漫游，

这一切事物的原初微粒必定会受到驱动，

要么是出于自身的重量，

要么是偶然被其他原子撞击。

因为原子往往不断地运动相遇碰撞，一再发生碰撞后四散跳开，又撞个正着。这也难怪：

原子极其坚硬，分量结实，

后面又不存在相反的作用力。

要更清楚地觉知这一切物质的粒子是如何四处狂奔，

就回想起根本就不存在所谓的"底盘"——

并不存在原子能停止的场域；正因为

（我们已经透过可靠的推理充分证明）

空间没有边界、没有止境，

向四面八方无尽扩展。

伊壁鸠鲁主义之所以是一种精明的哲学，不仅是由于其思想内容，也因为其表达形式，因而受到各个阶层的采纳。举例来说，你应该是会想采用一小句类似"死亡没什么""不须畏惧诸神"的格言，正如希腊和罗马的戒指和镜子上刻着这些字让人遵行，很多人都会这么做。接下来，你也许就会在人生其他部分的可行场合当中挖掘这些格言的涵义，或是寻求更深刻、更有说服力的说法，那么伊壁鸠鲁的书简可供人细读。他留传下来的书简根本就像精神自励手册，而且在古代世界自由流通。你也可以更深入研究。据说他论自然哲学的主要论文（对原子等物质的讨论）共有三十七卷，足以让你铆足全劲、全心投入。

不过这些信息通常都很简短，因为这种信息本身的优点就是少。专注于人生中那小部分自然且必要的需求，你会发现自己能够活得更加惬意。

季蒂昂的芝诺与购物心理学

是的，人类就是瞎拼动物

到了经济整顿时期，大众心理也会随之调整。他们有时会变得坚信"少即是多"，并依据新的信念行动，然而通常并不会如此。其实举例来说，有消息指出，在经济不景气的时期，家庭烹饪的相关商品销售量实际上是有所增加的。正因为我们决定要腻在家里，而不去餐厅吃大餐，就会储备从奶油到汤头之类的种种物品。又或者说，人们购物时会更常在价目表上精挑细选，而不是一股脑儿地从架上搜括商品；他们会记得购物的目的是养活自己，而不是买来堆在家里，不过他们还是会一直买个不停。如果这类考虑又混入了对环境造成伤害的担忧，那么购物习惯会随之换挡，然后再次以更为显著的方式加速。想想这个例子，相关研究表明，当大众在为地球着想时，会比较少买浸浴产品，却买了更多淋浴产品。看来要人完全抛弃好好洗澡的基本乐趣还是过分了点，尽管大家都已经承认淋浴比较环保。

总之，我们对经济景气或萧条做出反应前，会先经过个人的重新评估，这类评估的关键之处在于，它明白地显示了我们购买及渴望的商品。这点对成为现代化的消费者而言，肯定非常重要。

反过来看，商店中的购物行为可以视为个人特质的重要指引。在收银台透过扫描器传递出去的，绝非把你的需求一笔带过如此简单，其中透露的线索包括你的个性、你的满足、你的孤独。某人在周一就囤积了大量巧克力，应该是为了面对未来一周不愉快的工作日；某个每周五忠实购买玫瑰的人（资料显示他这个习惯维持了超过十年），也许某一天就得面对这段无爱的婚姻即使用玫瑰也无法挽回的事实。另一位女士会在冬季装了满满一架购物车从世界另一头进口的草莓，如果她干脆搬到有阳光的温暖地区，既能省钱也能减碳。

这就是超级市场热衷于调查你究竟"什么时候买了什么"之类的种种细节，这些数据使市场营销成为一门更为精确的科学。这应该也能解释为何某位特别的古代哲学家特地和商店扯上关系。在他眼里，零售店是研究哲学的绝佳场所，因为商店是人们实践自己人生哲学（无论有意无意）的地方。

事实上，古地中海恰好就是商人必经之处，重商主义（Mercantilism）也是古希腊世界的生存命脉，海上贸易使雅典变得强大。这巨大而椭圆的海岸线上适合居住的位置几乎都涌现了希腊的殖民地和城市，被柏拉图描述成池塘边的大群青蛙。不过地中海同时也是夺人性命的危险之地，经常有致命的狂风和措手不及的风暴袭击航海者。水域周遭的岛屿把航线分割得七零八落，塞浦路斯到雅典的港口比雷埃夫斯（Piraeus）之间就是一条相当凶险、散布着众多航海陷阱的水路。

海上的另一个危险是海盗。古希腊时代，大海是海盗出没之地。而且当时倾向于让船只超载，挤进额外的货物。能否多加入一根大理石柱或十来罐油瓶就决定了边际营收的获利或亏损，尽管额外的重量很可能会导致船只变得相当不稳定。

现今学者估计，有二十分之一的船只穿过地中海东部水域时沉没，迄今为止发现了超过上千艘一千五百年前的沉船。这些沉船载运的货物和许许多多的船员不曾到达目的地，就这样慢慢沉入这蔚蓝大海底部的泥沙之中。

季蒂昂的芝诺（Zeno of Citium），他的父亲马纳西斯（Mnaseas）就是冒着上述风险的贸易商之一。他是商人，借着斑岩（Porphyry）也就是紫色的岩石发财致富。埃及人、希腊人、罗马人都认为这种斑岩象征了帝国的高贵强大。这个家族的出生地——季蒂昂，是塞浦路斯东岸的一个港口。马纳西斯就从这里把货物运到雅典交易，尽管到了芝诺出生的 4 世纪末期，雅典的辉煌逐渐褪色，不过仍称得上是重要城市，几个世纪以来依旧是文化、知识中心。

也许这是芝诺常常忧心忡忡地等待父亲归来的原因。从年幼时期开始，这瘦长而黝黑的孩子——他当时的昵称是"藤枝"（vinebranch）——很早熟地展现出学习的兴趣。马纳西斯不得不向雅典书商购买儿子的阅读材料，各式各样的文本就运送到芝诺的家中：悲剧、喜剧、诗歌、对话录。这堆卷宗中偶然包括了某卷复写本，后来成为这位年轻学者最珍贵的收藏，那就是去世已久的柏拉图的作品。

柏拉图的对话录作为哲学入门的邀请函，对具有探究精神的年轻人而言很有吸引力，正如菲力普·普曼（Philip Pullman）的《黑暗元素三部曲》（*His Dark Materials*）或路易斯（C. S. Lewis）的《纳尼亚传奇》（*Chronicles of Narnia*）能够使孩子产生好奇心。对话录的乐趣在于邀请人们一起进入哲学，因为哲学只有离开纸面才有生命力。

哲学确实令芝诺智识飞跃，他梦想前往雅典。虽然柏拉图消逝了，但哲学还在，而且后来的结果证明，哲学之所以能延续下去，芝诺本人的贡献功不可没。芝诺建立了自己的哲学学派，拥有和柏拉图相似的影响力。

芝诺的第一步得先去雅典，这件事看起来很容易，其实很难实行，虽然他和蔼的父亲照顾到了儿子的兴趣，不过还有家族的利益需要优先处理。芝诺在适当的时机成功继承了马纳西斯，成为商号的领袖，在整个地中海航行游走，然而这完全是因为奉命交易斑岩，并非为了哲学。因此，他直到 30 岁左右才逮到机会。

事情是这样的，在某次旅程中，芝诺的船只碰上了地中海为数众多的危机之一——船难；幸运的是，当时离比雷埃夫斯的岸边不远。我们不清楚他的货物和船员的情况，只知道芝诺进了城市。从此刻起就是一段新的旅程，他后来表示："命运，你的安排太美妙了，终究引领我走向哲学。"他一到雅典就直接朝书商走去。

在那里，他挑了色诺芬（Xenophon）的《苏格拉底言行录》（Memorabilia）复写本，那是关于苏格拉底的回忆录，由色诺芬这位苏格拉底的早期追随者所著。芝诺看到第二卷，内容应该是记载了许多这位哲人的对话和相关故事。这个篇章阐发的见解变成芝诺自己生活方式的核心。苏格拉底是在讨论该如何教育孩童，他观察到虽然众人在学校学了不少，却往往遗漏了最基本的技能，例如，如何在夜晚安眠，如何遏制在商店中找不到所需商品的挫折感。苏格拉底注意到这类训练极为有用，而芝诺相当赞同。

斯多葛主义（Stoicism）——芝诺所建立的这个传统是一套完整的哲学，涵盖了涉及宇宙万物的物理学和人类思维的逻辑学等各种观点。芝诺自己一生写了十来部著作，包括某些深受柏拉图启发的作品，如《理想国》，还有其他诸如《论情感》（Of Emotions）、《论义务》（Of Duty）、《论法律》（Of Law）、《论符号》（Of Signs），然而这些都没有流传下来。无论如何，他对伦理学的观点也许最能启发追随者。人们纷纷赞赏斯多葛式（Stoical）的生活态度，不过我们现今对这个词汇有着不同的理解。

芝诺思想中的基本概念是自我保存（Self-preservation），人类和动物同样都有一种基本习性，会做出使生活变得更好的选择，避免从事危险的行动。这听起来就是自私的，确实如此。然而芝诺的论点就本身而言并不是在主张自私自利，而是要认识到，自私自利是任何生命体的精神中无可动摇的要素。

然而，并不是所有的生命体都如出一辙，对绝大多数的动物而言，所谓的"好"就只是觅食、取暖、交配。对人类而言，"好"就不只是要生存，还要会思考，这是另一个要素起了作用。也就是说，使用我们的能力去做好事、变好人、妥善思考。我们必须像照顾身体一样妥善照顾灵魂。如果说进食和交配是欲望的疗方，那么洞察和哲学就是思想的疗方。

这更高等的要素，即是使人真正成为人的决定性因素，至少如斯多葛学派所掌握的那样，它深刻改变自我和内在固有的自私之间的关系。芝诺和他的追随者想出一个极端的例子来说明。比如，暴君正折磨着我，要求我做出虚假的供认，但是承受折磨、保持沉默会符合我更高等的利益，我甚至会宁愿选择死去也不愿说谎。这么做保护不了身为动物的自我，然而这会保护身为人类的自我，这能保存我的正直、理性、想法。此外，为了真理而使自己的生命承受苦痛和危险，某个意义上就是牺牲自我，这样的勇气也可以被称为"无私"。矛盾的是，人类的自私能够造就无私。

借着这种方式，斯多葛学派坚称，这样就可以在古希腊的拷问台上受尽折磨的同时也感到快乐，因为我们知道能够由此维护身上最珍贵的部分。动物从不会有这种感受，至少我们认为它们不会。在类似的脉络下，斯多葛学派也相信有时自杀是最好的选择，许多斯多葛哲学家也因自杀而受到纪念。克林安特斯（Cleanthes）绝食而死，塞内卡（Seneca）割腕自杀，西塞罗（Cicero）引颈就戮。芝诺死于自绝呼吸，医学界认为这是不可能的壮举，无论如何，这是芝诺向他的追随者证明他是多么贯彻自己所献身的生活方式。

这种面对痛苦和自杀的坚忍态度，是芝诺把苏格拉底的教诲重新诠释的结果之一，对人类而言，不仅仅是要活着，还得活得有价值。高贵的训练就是要使人生变得更好，而这种训练就必然包含忍受折磨的意志和面对死亡的勇气。

斯多葛主义并不只是要面带笑容强加忍受，这种生活方式的积极面向在于着重培养美德（Virtue）。美德非常重要，诸如需要坚忍的勇气和毅力，然而还包括明智和正义，因为美德是充满活力的灵魂所能展现的生活质量，展现了我们所拥有的善，使我们活得更好。其他的生活要素，例如拥有财富或健康，就显得比较无足轻重，至少和最为重要的美德相较之下就不是那么重要。

顺带说一句，这意味着，无论你是贫穷还是富贵，身体强健还是病痛缠身，都能成为斯多葛主义者。普遍的适用性是斯多葛主义广受欢迎的重要因素，然而有钱人还是得当心：芝诺的教诲是，全神贯注于财富或是健康会有危险，很容易使人在迈向重要美德的窄道上分心走偏。

假如你觉得这听起来平淡无奇，芝诺主义者还发展了其他真正透彻的真知灼见。其一是涉及遭遇事件时的判断。芝诺会根据判断的强度做出分类。设想一下船员在船上的航行，狂风大作，正看到巨浪袭来。简单分析一下情势，当他认识到危险并试着采取行动以减轻巨浪的影响时，他算是做出了一个判断。但是，如果说，他看到了危险，然后因害怕危险对他造成的影响而不知所措，这也算是经历了一次过度的判断。后者的风险在于恐惧的经历会压倒正常判断，并使船员无能为力，他更有可能因此送命。然而，这不应该发生在训练有素的斯多葛主义者身上，因为他们的反应会是适中而慎重的。

培养这种能力，为了自身好处展开行动的做法就是练习预想坏事。试想一下，在一日之始，先在脑海里预演过这天可能会发生的每件坏事，像是丢了工作、被公交车撞、被伴侣抛弃。如果你相当彻底而认真地实践这种悲观主义，根据斯多葛学派的论点，你就会根据人类高等的天性做好更充足的准备，好好活过这一天，作为回报，你也会活得更快乐。黎明时痛苦，却能够快乐一整天。

罗马时代的斯多葛哲学家爱比克泰德是芝诺的追随者之一，他发展了相关的实践。依据他美好生活的指引开始冥想，想象一下，一早醒来后很快就为了自己的想法感到焦虑，比如说，是否应该因自己的奴隶松懈而惩罚他们，还是因为他们生活艰难而允许他们松懈一点。爱比克泰德认为这就是以不幸的方式开始新的一天，理由有二：

其一，这意味着你受制于无可控制的精神烦恼，你为奴隶的事焦虑的时间越长，你的忧虑所消耗的能量和动力就越多。如果你的一天是这样开始，就几乎不可能变得更好。

其二，奴隶应该是要能使你的生活更轻松，为他焦虑反而让生活更难过。因此，爱比克泰德的建议是，积极地设想你的奴隶也许叫也叫不来，即使叫来了也不听你的命令。那就干脆置之不理吧！只不过是仆从使坏，总好过让自己不快乐。

爱比克泰德接着说："因此，先从一些小事做起，一些油洒了或是一些酒被偷了？那就对自己说，这是为安稳与宁静付出的一点代价，没有付出就没有收获。"

这看来是相当阴郁的生活方式，一大早就细思各种不幸，相当于每天都先犯一次起床气。但是这种做法其实是极为含蓄的乐观主义。整体而言，斯多葛学派认为人生的一切都是有益的，只要你更真诚、仔细地检视人生就能发现。从另一个角度来说，斯多葛主义可说是古希腊"必须顺应世事"这个普遍想法的另一种版本。以犬儒主义为例，这种顺应纯粹是实践问题，如果能顺应世事，你就会更快乐；以斯多葛学派为例，顺应世事是值得学习的，因为他们相信这个世界归根结底来说是相当仁慈的。

这就是芝诺论及"哲学训练使人受益"的关键理由，是使"考虑最差的情况，承受痛苦，培育自身幸福"这种教诲得以成立的基础。这整个过程应该可以归结为学习"顺应自然"（Go With The Flow）。察觉自身体内发生的心绪流动，理解这些感受的本质，举例来说，就是理解这些感受如何使你忐忑不安。当你取得一些内在的和谐，你的精神生命会变得更清晰，然后学会修身养性。最后，当你变得精通斯多葛思想时，就会意识到自己变得能够忖度自然整体，因为你的本质不过是自然整体的一部分。

事实上，芝诺认为自然是神圣的整体，是至善的。这就是其生活方式值得信赖的理由。克律西波斯把人生描述成必须承受各种力量和牵引的圆筒，因为这就是活着的意义。不过你拥有选择，你既能够以抵抗各种力量的方式生活，也能够与之和谐相处。生活的艺术在于塑造你的灵魂，使之成为能够承受冲击的完美圆柱体。你之所以愿意这么做，除了人生能过得更轻松，也因为一旦拒绝承受这些力量，将会筑起一道障碍，把你自己和自然隔绝开来，使自己远离这卓越的宇宙。同样每天早上就设想最坏的情况，就能够避免内心因为被生活中的细枝末节占据而错过了一天中最美好的时刻。

爱比克泰德为这种哲学提供了另一个日常生活的例子。他讨论斯多葛主义者应该如何处理购物时没能杀价所引发的情绪。

这是常有的经验，他的设想开始于集市内一个蔬果摊前，你看到前面这个人免费得到了几颗莴苣。然而，轮到你的时候，摊贩老板却改变主意，要向你收一枚奥波勒斯（obolus）①。问题在于你应如何处理这种因不公平的感觉所引发的怒火，即使这件事其实微不足道。对于得为莴苣付钱这回事，你应该如何回应？

---

①古希腊的银币，也可作为重量单位。

其中一种反应是放弃莴苣。这种情况下，爱比克泰德的说法是：你留下了并未交付的奥波勒斯，没有什么损失，那有什么好动怒的？另一个反应是付钱带走这些莴苣。在这种情况下，你为莴苣支付了适当的价钱，因此你同样没有什么好抱怨的理由，而且你晚餐还有莴苣可吃呢。第三种反应是指责店家不公平，并持续声讨。不过这样做并不理性，店家并没有义务为你提供免费的莴苣——只会徒增怨气。爱比克泰德的结论是："假如你既没有付出（金钱），同时又想收获莴苣，那么既不讲理又愚蠢的人是你自己。"

这类的生活场景在斯多葛哲学讨论中并不罕见。虽然斯多葛哲学家通常会用更戏剧性的例子烘托他们的论点，不过他们也会强调你必须在生活的小事中实践正确的态度，要是等到大浪卷上身就为时已晚。虽然他们会谈论忍受折磨或献身自杀，但他们相信，正是基于你在生活中众多琐碎时刻的自我训练，才能让自己好好面对人生的重大事件。没有什么伦理问题是真的无关紧要的，由此可见购物行为所蕴含的重要性。

这就解释了为什么芝诺的哲学被称为"斯多葛主义"。斯多葛主义的伦理训练多半是与所谓的集市生活有关，说是开始于集市也不为过。这个名字源自芝诺在柱廊（stoa）教学的习惯，那是古雅典人购物的场所，特别是人称"皮希纳门廊"（Portico of Pisianax）的柱廊。"你会发现雅典的任何东西都在这个地方贩售，"一位和芝诺同时代的喜剧诗人欧布洛斯（Euboulus）如此写道，"无花果、传讼证人、葡萄、芜菁、梨子、苹果、证据提供者、玫瑰、枸杞、粥饭、蜂巢、鹰嘴豆、诉讼、蜂王刺、布丁、桃金娘、抽签机、鸢尾花、羔羊、水表、法条、起诉书。"最近在雅典的考古发现使阿哥拉（Agora）北部的柱廊地基重见天日，考古学家指称该处也是芝诺的教学场所之一。

总而言之，摊贩吸引芝诺的理由在于那里产生了许多值得研究的插曲，人们致力于交易行为时，会透露出更多自身情报，而芝诺所感兴趣的正是那些人之为人的一切。当然，他在这种交易场所也很自在，这是基于他的血脉——他身为商人之子，自己也当过商人。他第一次接触哲学就是因为父亲旅途中买回家送他的书籍礼物；当他第一次来到雅典，芝诺就毫不犹豫地走向一家书摊。因此，他会在柱廊下摆摊销售哲学也就不足为奇了。哲学在这种地方也行得通。

斯多葛主义延续了六百多年，成为许多罗马人信奉的哲学，基督徒在建构他们的伦理观点时也借鉴了斯多葛思想。爱比克泰德的著作也被用来训练僧侣。简言之，斯多葛主义者也懂得消费主义的当代心理学者那一套，以搜集而来的资料追踪你的消费习惯：你外出购物时可以学到很多事。购物时的反应——当你没有取得想入手的莴苣时——会成为整个人生中值得关注的焦点。人在熟食店的反应和任何心理测验同样具有启发性，因此商店可以是你深化自己人生哲学的美妙场所，好好塑造自己的性格，为那些觉得自己会被大浪淹没的罕见时刻做准备。

据说芝诺自绝呼吸、引人注目的自杀之后，市民们集资在凯拉米克斯（Kerameikos）为他建了坟墓，或是所谓的陶器园。你如今可以走在当地的街道，因为遗址已经被挖掘出来了，并注视着雅典卫城（Acropolis）。这个地方非常宁静，陈列着界石、墓碑、矮墙、绿地和美丽的花朵。然而，也能换一个方式想象一下，这里人声嘈杂，到处是陶器、旅人、商人、哲学家。你可以在此瞥见芝诺视为训练基础的中产阶级生活（Bourgeois life）。我们会说购物形成了一种宗教，而芝诺会说，哲学为人类提供了资源，用以省察在我们生活中占据重要地位的购物活动。

第十章

活在当下的享乐者——昔勒尼的亚里斯提普

从容享乐，拥抱生活中各种小确幸吧！

享乐主义是在整个历史中频频现身的生活哲学，至今看起来还是生龙活虎。这种哲学不需要太多解释，简单来说，就是追求愉悦，至少得减少痛苦。享乐主义拥有直截了当的吸引力，毕竟愉悦就是如此美好。享乐主义者不需要限制自己只追求简单的愉悦，例如阳光和水；他们也能提倡更复杂的愉悦，例如阅读和友谊。不过这种哲学的好处不单单是看起来能够自圆其说，同时也很容易奉行。思考一下应该做什么，然后选定能够带来最大愉悦的那个方案。问题在于，有那么简单吗？

　　昔勒尼的亚里斯提普（Aristippus the Cyrenaic）正是本章的主角。他是第一位因亲身检验哲学而受到纪念的人，因为他把哲学奉行得十分彻底。不同于伊壁鸠鲁所遵循的原则"少即是多"，亚里斯提普反其道而行。他的一生，彻头彻尾，真的从骨子里追求愉悦；愉悦决定了他的每一个选择。他甚至拒绝像温和的享乐主义者（Modest Hedonist）一样，为了之后能获得更多愉悦而延后满足。他认为那种做法还得负担风险，可能会失去当下就能到手的愉悦。他要享尽一切，今朝有酒今朝醉。

　　那么，亚里斯提普是如何办到的？这种生活哲学是否真的行得通？这些问题值得一问。

　　亚里斯提普可说是拥有无可挑剔的哲学背景，他是苏格拉底的密友之一。也许是基于这个理由，某些哲学传统的人会带着某种感情怀念他。他们把亚里斯提普当成可爱的无赖，觉得他有点像莎士比亚笔下的吹牛大王孚司塔福（Falstaff）。举例来说，亚里斯提普曾被指控为叛徒、墙头草，他却底气十足地回答说自己想要过轻松的人生。有人问他，哲学教会了你什么，他说："在任何社会都能轻松自在的能力。"就某种程度来说，这绝非易事。

有另一种说法巧妙捕捉到昔勒尼学派的哲学：

如果奢侈是错误的，就不会在诸神的庆典中流行。

当乞丐比当文盲好，一个需要钱，另一个需要被教化。

我找苏格拉底求教，找狄奥尼修斯享国王之乐。

这些说法也都有些微妙之处。亚里斯提普主张，轻松的人生并不只是追求愉悦，还得"活在当下"。不断地追求，渴望得到自己缺乏的事物，就这样迎来人生的终结，这样的享乐主义者有什么意义？而且活在当下并不是字面上听起来那么容易办到。多数人为了未来而活，或是活在过去，只顾着累积储蓄，或是担心未来的命运。亚里斯提普试图展示哪些行动能够克服这些忧虑，有些行动是他记得的，也许有些其实是杜撰的。

某天他肚子饿了，就去买一只鸡，却把口袋里的钱全掏给猎场看守，可他口袋里装满了钱，这意味着他豪迈地多付了大笔金钱。围观者问他在做什么。"钱对我而言没什么意义，"亚里斯提普答道，"我只知道我饿了。"这就是所谓的"活在当下"。

另一次是他的奴隶正在替他搬钱，发现钱袋实在太重了。多数的奴隶主在这种情况下会鞭打这个奴隶，然而亚里斯提普喊道："把大部分的东西倒出来，别带超过你所能负荷的东西。"

另一个场合又展现了不同种类的"当下"。有人送了三名妓女给亚里斯提普，让他任选其中一名，他却全要了，还开玩笑地说自己迫不及待了。

不用说，这种奢侈的行径不仅招致了言语批判，甚至还有暴力。

生活放纵的人很快就吸引了自以为是者的"支持"。有人朝他脸上吐口水，他抹去唾沫回嘴说，既然渔夫拉到了大鱼而被淋湿了，也不会有所埋怨，那么他为何要抱怨呢？当然，他也会以其人之道还治其人之身。当有人指责他授课索要学费，他说他不是为了自己而收费，而是要教导学生如何花钱。另一次，有个年轻人跑来向他吹嘘自己酒量有多好，这样也算享乐主义者吗？亚里斯提普厉声答道："骡子也很能喝！"另一个人轻佻地向他自夸自己的潜水能力，也许他应该一起下水玩玩，享受一下另一种愉悦。他浇了小伙子一头冷水，问对方潜水有什么好处，最厉害的还是海豚。

最后一则逸事，某天国王狄奥尼修斯的管家带他参观了一间昂贵的房子，管家的名字叫西门（Simus），是知名的无赖，然而不是可爱的那类，比起孚司塔福，应该更像恶棍伊阿高（Iago）。他装腔作势地对亚里斯提普说，走过昂贵的镶嵌步道得格外小心。暗示这些镶嵌细工的价值高到他一辈子都赔不起。

此时，亚里斯提普感到他喉头涌上了一股痰，他得吐掉，但能吐在哪儿？不能吐在昂贵的地板上啊。他立刻想到了解决这个突发困境的完美方案——直接吐在西门脸上。管家愤怒地抗议，只见亚里斯提普冷笑答道："我找不到更合适的地方。"

这是种自由的生活，也巧妙地破除因袭，然而不管怎么说，亚里斯提普提倡的生活方式遭到的批判比得到的赞许还多。为何如此？

色诺芬提供了一个线索。他创作了一个苏格拉底本人斥责亚里斯提普生活奢华的场面，苏格拉底说纯粹追求愉悦的人生会被感官情欲束缚：

举例来说，鹌鹑和鹧鸪会因为欲望和对交配的期待而被异性的叫声吸引，于是丧失了所有的警觉性，就这样冲入猎网。

这个说法肯定是捏造的，不过也清楚地表明色诺芬对于亚里斯提普及其享乐主义的看法。拿来跟冲动的鹧鸪相比，不过是个小小的打击，更重要的是，这幅景象显示了毫不妥协的享乐主义者很快就会受制于各种混乱：愉悦的追求会束缚他们，好比说，瘾君子变成毒品的奴隶；或者他们一直追求更激烈的愉悦，但因为身体根本吃不消，而陷入恶性循环的困境之中。这是毫无长进的 60 岁摇滚歌手必然的下场。又或者，纯粹追求愉悦的生活很容易无以为继，因为多数人起码还是得花点时间去工作；又或者是这个世界能够提供的愉悦终究相当有限。消费主义的失落已经证明了一切如我们所见，正好是伊壁鸠鲁思想所倡导的关键。

看来亚里斯提普一开始就误会了苏格拉底，他受到这伟大人物的吸引并不是因为听说他很有智慧，也不是有着什么个人的理念目标，只是因为苏格拉底很有名。亚里斯提普想要沾沾光，向人吹嘘说他们很熟。显然后来事与愿违，举例来说，苏格拉底教学不收费这件事人尽皆知，他认为智慧无价，然而亚里斯提普没接受这一点，他四处为苏格拉底收钱，不过被这位哲人拒绝了。

但真正令人担心的不是这类愚蠢的错误，相反亚里斯提普展现了一种从事哲学的方式，若是成功了，就会危害苏格拉底、柏拉图和其他类似人物所献身的大方向。

一方面来说，享乐主义看来会因为自身的内在冲突而不堪负荷，迟早要面对选择何种愉悦的问题。选苹果还是梨子？爱人还是朋友？接下来享乐主义者就得卷入如 18 世纪的享乐主义者杰瑞米·边沁（Jeremy Bentham）所谓的"幸福计算法"（Felicific Calculus）。但是麻烦在于，既然这些愉悦从根本上就截然不同，那就无法比较。至少，作为哲学的享乐主义无论如何都摇摇欲坠。

此外，享乐主义式的生活目标是要达成漫不经心的享受状态，假如亚里斯提普追求的是安逸的人生，他也是在寻求安逸的哲学。他主张哲学应该以幸福为目标，却又和其他人不一样，把幸福概念的内容全部简化成愉悦、快感。在这样的架构下，美德和正确的洞见扯不上什么关系，只会沦为沉溺于感官愉悦的能力，正如上述亚里斯提普故事所暗示的那样。这种哲学的智性挣扎被直接的满足取代了。哲学家们的生活目标"明智的生活"遭到摒弃，取而代之的是纯粹的放纵。莎士比亚笔下的孚司塔福最后不得不面对王子哈尔（Hal）的批判。哈尔在《亨利四世第一部》（*Henry IV Part I*）中驳斥过去的伙伴所说的话，苏格拉底驳斥亚里斯提普时也能用上：

　　一个魔鬼扮成一个胖老头的样子迷住了你；一只人形的大酒桶做了你的伴侣，这家伙（孚司塔福）就只会辨别酒味和喝酒，哪有什么本领？就只会切鸡肉塞进嘴里，哪算是精明灵巧？只是会使诈，哪称得上狡猾？只是会做歹事，哪称得上奸诈？只是无所不为，哪配称为歹人？什么都无所谓，哪有什么价值可言？

　　"什么都无所谓，哪有什么价值可言？"就是对享乐主义者的指控。

　　还有一件事会使这样的亚里斯提普显得更相形见绌。就跟其他同时代的哲学家一样，昔勒尼学派把自己当成世界的公民，和其他人一样环游整个地中海地区。然而，他们拥护的自由意味着他们不属于任何一个国家，就某种意义而言，这反映了时代的趋势。虽然公民权利与所属的特定城邦国家密切相关（选举或司法程序），但地中海的城邦国家已经岌岌可危，在亚历山大统治后甚至不复存在。昔勒尼学派大概会说他们与时俱进，既然全球化的力量将使人们到处迁徙，那聪明的做法是拥抱动荡、享受这种过程。

然而，这种态度在多数情况下会被认为是逃避责任，只是让希腊的荣耀流失殆尽又毫无回报。一如威廉·文德尔班（Wilhelm Windeband）所述，这是一种"寄生虫的哲学"（Philosophy of the Parasites），更像是现今那种享尽国家一切好处，跑到海外完全不用缴税的地方，享受着度假的"肥猫"（意指政客或财阀）。

面对上述各种反对意见，亚里斯提普还是找到了一群追随者，而这个昔勒尼学派曾延续了好一段时间。享乐主义总是很有吸引力，然而亚里斯提普的后继者也很快就展现了享乐主义的内在冲突。西奥多罗斯（Theodorus）率先放弃了亚里斯提普所追求的短暂愉悦，从而支持拥有愉快的心情，他认为这种哲学更好。后来另一个弟子安尼塞里士（Anniceris）又再次修正，他主张精神性的愉悦高过肉体性的享受，好比说友谊比性爱更好。

享乐主义实际上会导致某种悲观主义，而且不像斯多葛学派那么有建设性。这里的逻辑是，如果你无法决定要享受哪种愉悦，也许你应该稍微降低标准，索性选择最能避免痛苦的策略：如果你不知道怎么辨别善，至少先避免恶。

和安尼塞里士同窗的何基西亚斯（Hegesias）就采取了这种路线。他的结论是，只有一种方法能真正确保没有痛苦的人生，那就是使自己彻底无所作为。进一步来说，只有一种方法能够断然地无所作为，就是自杀。他有一本名称响亮的著作《绝食而死》（*Death by Starvation*），在亚历山卓城（Alexandria）出版，成为当地学生的必读之作。显然许多人确实采用了他的建议，因此这本书被法老查禁。何基西亚斯成为知名的"自杀布道者"（Death-Persuader），也向那些打算献身于享乐主义的人带来了最为严厉的警告。当代社会也爆发了学生自杀事件，古今皆然，绝非巧合。

然而我们和愉悦应该保持什么程度的距离？亚里斯提普和他的追随者所学到的教训肯定不是"毫无愉悦的生活才是最好的"吧？当然不是！事实上，显然苏格拉底自己也很享受生活中提供的各种愉悦，尤其是友谊的快乐。又或者柏拉图那篇最伟大的对话录《会饮篇》，背景就是设定在享乐的酒宴上。亚里士多德在著述幸福时也注意到愉悦和享受是浑然一体的概念，是人生可欲的对象。更别说名字含义已经和享乐混为一谈的伊壁鸠鲁思想。

因此，这些哲学家对亚里斯提普的批评是，误把得到愉悦当成是生活唯一的目标，误以为享乐主义能够自圆其说，误以为人生很简单。如果你采用了这种人生哲学，愉悦迟早会让你自取灭亡。准确地说，哲学家会认为人生的愉悦来临时就好好享受，愉悦消失了也别再眷恋，用这种方式拥抱愉悦的价值。此外，若是你想要过一种有道德的生活，愉悦自然也会随之而来，因为他们认为幸福和善行如影随形。

第十一章

响应"活得更单纯"的奥内西克里特斯

令人怦然心动的哲学整理术

亨利·戴维·梭罗（Henry David Thoreau）在马萨诸塞州（Massachusetts）的瓦尔登湖（Walden Pond）北岸自建木屋，体验为期两年的简单生活，他是在响应多数人在人生中的某个时刻都会听到的呼声。一言以蔽之，就是"单纯一点"。当这个时刻来临时，"单纯"听起来就像是通往一切美好的必经之路。"我想活得更有深度，汲取生命中的所有精华，"他在当时的回忆录《瓦尔登湖》（*Walden*）写道，"把生活压缩到一个角落里去，把所需事物减少到最低限度，如果证实了生活是卑微低贱的，就彻底掌握生活中真正的卑微低贱，并公布于世；或者，如果生活是崇高的，那就亲身领略。"

困难之处在于，现代生活就是没那么单纯，我们拥有的席位远比梭罗为自己设限的三席还多："一席留给孤独，第二席留给友谊，第三席留给社会。"为了测试能否活得更单纯，就停止把生命浪费在千篇一律的琐事上，找出你身边更为基本且更有益的事物，然后做出一些相当戏剧化甚至激烈的举动，就像梭罗搬进小木屋那样（据说还是有人替他洗涤衣物、送一些食物过去）。这不是多数人能做出的决定，也许我们年轻时能够背上背包旅行，就我们所能承受的范围任意减轻负担，不过多数人短短几周之后回到家，又重拾停下的工作，并开始忧虑那些之前累积下来的杂务。当我们面对充满不确定性的时刻，某种类似的感受会油然而生，那是一种相应于艰苦生活所产生的安详敬意，这能提醒我们真正重要的事，尽管在满载而归时，低潮就会被遗忘，这似乎是人之常情。

因此，大部分的情况是那些听过朴素生活号召的人并没有彻底改变他们的生活，只是在复杂生活中做些活动，为"单纯"留点空间，例如在花园里种菜，或是拿旧衣服来缝，而非直接把衣服丢掉或换掉。即便只是这样的程度，这些活动仍不容忽视；他们能够逐渐培养出细心品味这个世界的能力，这是活得单纯一点能够带来的另一种乐趣。

犬儒学派，那些被我们留在雅典街头的第欧根尼追随者，后来变得令希腊人着迷，但希腊人也基于某种原因厌恶他们。这一切都与犬儒主义者的极度单纯有关。他们活得像狗，用手抓东西吃，直接睡在地上，在柱廊阴影下交媾，无礼地咒骂路人。这种生活方式触及了以身为古希腊人为傲者的心理阴影，让他们意识到就算文明发展得非常伟大，这样的进步还是得付出代价。犬儒主义者的生活方式正意味着大而化之的人生选项，虽然大多数人从来都不会做出这种选择，却仍然觉得这种生活很有吸引力。

可是甚至连犬儒主义者也觉得应该把生活压缩到一个角落里去，把所需事物减少到最低限度。传闻说有另一个哲学团体过着比犬儒更为极端的生活，真的有可能吗？他们揭示了哪些令人兴奋的真相？他们造就了何等令人不安的场面？这一传闻自东方沿着古老的贸易路线流传过来，新奇的思想和美味的香料早已在这些交流要道上来回传递。尽管对希腊人而言，异国思潮的起源就跟尼罗河的源头一样神秘。

公元前327年起了变化，亚历山大大帝集结了他最为庞大的军队，约12万人推进到印度地区的古国。从此之后，对广泛而好奇的西方大众而言，终于揭开了东方神秘的面纱。而亚历山大的随行人员中，有一位思想家奥内西克里特斯（Onesicritus）。

奥内西克里特斯生于地中海东部的小岛埃斯泰帕拉（Astypa-laea），如今这座身为多德喀尼群岛（Dodecanese）一员的小岛已被世人遗忘，起码观光客视若无睹。埃斯泰帕拉的海滩遍布海草，山丘荒凉且刮着强风，绵羊和山羊比居民还多，在古代曾有过暴风般的名声。著名的埃斯泰帕拉之子——拳手克莱奥迈德（Kleomedes），因为在奥林匹克大会（Olympics）上打死对手丧失冠军资格而被人铭记。盛怒之下，他奔回故乡小岛，摧毁了当地的学校，过程中还杀了所有学生。

奥内西克里特斯借着自身水手的技术离开小岛，成为亚历山大海军的舵手。他这段时间曾拜第欧根尼为师，因此对哲学尤其是犬儒学派颇有认识。奥内西克里特斯跟着亚历山大去印度并不是因为航海技术，而是为了研究亚历山大征途中遇到的思想体系，这很像维多利亚时代（Victorian）的船长同时也是业余的博物学家，可能会接下一些搜集奇花异卉标本的工作。

我们知道奥内西克里特斯跟亚历山大的核心集团过从甚密且享有特权，因为他后来支持亚历山大是被毒死的这种推测。也许他曾建议伟大的亚历山大在皮罗曾到访过的塔克西拉待上一段日子。

塔克西拉几乎没什么能吸引这位征服者的特点，尽管它位于三条贸易路线的交会之处，不过就是有条主要干道，聚集了许多拥有平台屋顶、单一长条窗口、混泥地板的泥砖建筑。当地只有一间开放的木造建筑供亚历山大办公。然而，塔克西拉在烈日蒸腾下的简陋外观中隐藏了秘密的资源，也许还称得上富裕。该地是学习吠陀（Vedic）和佛教的重镇，因此是那些具有异国情调、比犬儒主义"犬儒得更彻底"（Outcynicked）的裸体哲学家的故乡，他们又被称为天衣派哲学家。

亚历山大的人马在集市上找到的裸体哲学家看起来分成两类：一种是长发披肩，另一种是短发。他们就在地上和狗比肩而坐，他们似乎会为当地人抹油，而作为回报，他们能免费得到蜂蜜、无花果。有了食物自然就会引起交谈。他们相当受到尊重与敬仰，不分贫富男女都很欢迎他们来家里做客。

在好奇心驱使下，奥内西克里特斯奉命去寻找这些裸体哲学家的领袖，他尽忠职守地策马离开塔克西拉后约半小时，遇到另外十五位这样的智者。他们的异国风情足以让任何哲学家兴奋不已，不单是因为他们赤身露体。他们或蹲、或坐、或卧，个个都摆出奇特的瑜伽姿势，其中一位后来被希腊人称为卡拉努斯（Calanus）的人习惯用单脚维持平衡的同时手举五英尺长的木杆，当他无法对这种姿势的痛苦毫不在意时，只会换只脚站稳，继续维持下去。第欧根尼本人也从未想过要做这种事情。

当奥内西克里特斯接近时，这位卡拉努斯对着他大喊，带着嘲讽之意。他讥笑希腊人在酷热之下还身着披风、帽子、靴子。他一直笑着，接着高声朗诵某段古老的神话：

古时候遍地都是大麦粉和小麦粉，粮食就跟现在的尘土一样多，然后还涌出了喷泉，有些流的是水，有些是牛奶抑或是蜂蜜，其他还有流出酒水或橄榄油；但是由于贪婪及奢侈的缘故，人类傲慢得不可一世。宙斯憎恶这种状态，就摧毁了一切，要人类过着劳累的生活。等到人类的自律和其他美德再现之后，丰饶的祝福又再次降临。但是现在，人类的态度又渐渐接近自满而傲慢，因此一切很可能又会被夺走。

有人告诉奥内西克里特斯，如果想要聆听更多他们的教导，就必须脱掉衣物，和他们一样赤裸地坐在炙热的石头上。奥内西克里特斯要对方不得无礼，然而另一位被称为曼达尼斯（Mandanis）的天衣派哲学家说奥内西克里特斯才是无礼之人，妄自尊大地侵入他们的国家，还擅自提出要求。也就是说，这些印度人听说过亚历山大。而且，尽管奥内西克里特斯是名军人，对方还算尊敬他，毕竟奥内西克里特斯的出现意味着，亚历山大不仅在寻求新的领土，也在寻求新的智慧——他同时挥舞着哲学家和国王两项利器。

对话继续下去。东方和西方的相遇，尽管现在还是跟以前一样，翻译的难度妨碍了对话交流。由于犬儒和瑜伽修行者追求的不仅仅是相互客套寒暄，因而格外能感到语言不通的困扰。他们想要看看彼此的哲学如何产生联系。曼达尼斯观察到这是一项繁杂的任务，若是对彼此双方的语言没有像样的掌握程度，就好比希冀清澈的流水能够穿过泥泞。双方是基于同样的理由坐在热沙上、在艳阳下承受日晒吗？他们提倡的极端苦修生活是否产生了相同的洞见？有必要把生活简化到这么极端的程度吗？到底哪方才更极端呢？

奥内西克里特斯回去向亚历山大报告，他的报告内容被历史学家斯特拉波（Strabo）一一记载下来，学界认为这些内容也反映了奥内西克里特斯自己的想法。他说，印度人相信一切的关键在于让灵魂能从愉悦和痛苦中得到释放。痛苦是不好的，然而苦行——应该说，自愿性的痛苦是好的。让身体承受这种实践活动，总有办法得出这层理解。

最后这种思想对犬儒学派而言是新的转折点。第欧根尼和他的追随者住在木桶里、用手抓东西吃，甚至在公开场合自慰，那些就是一种展示方法，展现出单纯生活的自在解放。他们因此表明了自身的想法，身边的市民都受到复杂文明事务的桎梏。换言之，古代的犬儒主义是不折不扣的城市哲学，拒绝所谓的文明开化，尽管犬儒主义本身也必须依赖文明发展才能够展现出对抗的反应。唯有透过和相对的另一方回应比较，他们才能知道自己活得很单纯。

至于天衣派哲学家，他们甚至还解放了自我，无论那段神话预言是否可信，他们深信苦行本身就有价值。他们进行的是自我内在的斗争，而非和世上的不同生活方式抗衡。他们是借着裸体和各种冥想姿势专注于内在的自我。印度人深深地凝视这种体验的本质，从中发现洞见的源头。若说犬儒主义讨论的真理关乎权威，印度人讨论的真理关乎的是自己。

希腊的犬儒主义者并没有采用这关键的最后一步。在天衣派哲学家眼里，当奥内西克里特斯拒绝裸身坐下的提议时，就已经向曼达尼斯透露出他们之间最根本的差距，显示奥内西克里特斯仍然坚持某些习俗。瑜伽修行者坚持说，即使感到羞耻也得照做，如此才能真正了解他们的思想。曼达尼斯是这么说的，希腊哲学家的错误在于"把习俗摆在自然之上"。对犬儒主义者而言，这将是"痛苦时刻"（Ouch-moment），毕竟这正是他们如此努力对抗的习俗。"你需要回归自然寻找真正的单纯，这就是我们奉行的做法。"那么，还有什么比裸体——自然所提供的"衣服"还要更自然呢？

我认为这样的呼吁触及了我们对单纯生活的矛盾情结。某种程度上，这听起来太极端了，过于浪漫、粗俗、不切实际。然而，从另一个角度来说，听起来极端正代表着单纯生活所具有的挑战性，如果这种生活基本上超乎我们能力，那么它所提供的愿景就依旧很具有吸引力。难道我们不是和奥内西克里特斯一样依赖着都市和文明吗？我认为这的确很有道理，毕竟多数人也不会住在瓦尔登湖边的小屋。那么我们还能为此做些什么？我们还能从中得到任何启发吗？我认为答案是肯定的。启发可以来自我们周遭的先知和那些学习天衣派哲学家的人物。有位人选我碰巧有点熟悉，他是克里斯·帕克（Chris Park）。

有张克里斯·帕克坐在自制小圆舟上拿着一颗神奇魔蛋（Magic Egg）的照片。他在泰晤士河上（Thames）的期间一直带着，象征着他与自然合而为一。他会同意梭罗的看法："一个人的财富和他能抛下的事物数量成正比。"他的家乡是英格兰的白马谷（Vale of the White Horse），他多数时间生活在户外，虽然他还是住在圆顶帐篷，从附近的树林取柴生火，也在当地找到泉源取水。

他卷曲的头发下有着一张笑脸，然而你能从这愉快的表情背后察觉出他的坚韧及严肃。他的教诲是，把火炉当成祭坛，把工作当成礼拜，把服务当成圣典。他会讲古老的故事，唱圣歌。他认为自己正在保存一种生活方式，等到气候变迁带来最坏的影响，这种生活的价值会大到无可比拟。因为"人类的态度又渐渐接近自满而变得傲慢"，预言的场面将会来临。

人们倾向于去批评克里斯和古代天衣派哲学家，稳当地归结说他和他们不过是疯子，然而这将会错失一次机会。如果我们不要对他们置之不理，反而去欣赏他们见证的经历，那种活得更单纯的呼吁能够邀请我们反思自己的生活，使人再次扪心自问：如何能活得更有深度，汲取生命中的所有精华？我们也能从他们自我检视的惊人成效中省察自己。奥内西克里特斯告别了天衣派哲学家后还思索着这个问题，即便他无法和这些裸体哲学家待在一起。我们应该也能离开奥内西克里特斯后仍做相同的思考，也许再次更坚定地去过一种更单纯的生活。

第十二章

挑水夫克林安特斯的工作哲学

过度工作将迷失自我，别做一名无法思考的"沉迷者"

有一句俗谚说："工作总会填满所有可用的时间。"20世纪后期的情况证实了这个论点。这是终极省力装置"计算机"现世的时代，然而它取得的成果是换来更多的工作。那些无所不在又源源不绝的版块文本——电子邮件（Emails）就是最明显的例子。根据某家信息科技研究公司的说法，如果你每小时只收一次电子邮件，那就还"不算"电子邮件成瘾，多数人每隔几分钟就会看看有没有新的来信。

话虽如此，就算这种工作不断扩张的本质是这个网络时代的特征，对古代人而言，工作过度也未必是全然陌生的概念。因为某些希腊哲学家曾表示过担忧，所以我们知道这回事。

克林安特斯（Cleanthes）就是其中一位。他从小亚细亚的阿索斯来到雅典，名下只有四德拉克马（Drachmas）[①]的财产，大约是一名娴熟的工人四天的薪水。他曾经是拳手，现在年届五十，还想跟生活和思想搏斗，所以想找位哲人求教。他首先得找份工作，毕竟他和许多古代哲学家不同，没有其他谋生手段。

我们不清楚他的人生发生了什么事，也许是某种存在危机（Existential Crisis）吧。不过他并未被击倒，恰好相反，这使他斗志旺盛。他进了雅典城，在园子里找到了一份工作，负责挑水、施肥、翻土。因此，他以身为挑水夫闻名，然后他在柱廊找到了芝诺，白天师从芝诺，晚上就回去工作，把他最好的时间留给最晚着迷却

---

①德拉克马是古希腊货币，此外还存在着价值四德拉克马的银币。

也最为热衷的爱好。

克林安特斯很快就因为勤勉和克服贫穷的精力而为人所知、受到钦佩，虽然还是有人不可置信。特别是政府当局起了疑心，他们一方面看他整天坐在阿哥拉，显然并不穷；但另一方面，有人观察到他是在旧铲子的铲片上记笔记，因为他拿不出那么时髦的莎草纸。因此他们质疑：这家伙是如何谋生的？他是否为非作歹？

他们把克林安特斯告上法庭，检查他的收入是否合法。他不得不唤来雇用他的园丁和卖给他骨头的女人（他把骨头磨碎用来施肥）。他们为他的经历作证，也证实了他的品格。结果令法官印象深刻，于是决议给他十米纳（Minas）①，相当于一名娴熟的工人三个月的薪水。鉴于他刚来雅典时身上只有少许德拉克马，这算是相当不错的回报。他把大多数的金钱当成谢礼付给了他的宗师芝诺。

克林安特斯的哲学简洁易懂。当你拥有的资源足以支持你追求真正想做的事，就不需要过度工作。为什么？这么说吧，为了钱而工作只会使人变成奴隶。此外，金钱会唤起我们强烈的本能反应：渴望安全感、占有欲、优越感。但这些并不必然是最美好的本能，最美好的本能是哲学家所追求的那些生活品德，拥有这些品德才能过上美好人生。

论及工作，克林安特斯之前就有相当丰富的讨论传统可供他发展人生哲学，而且可以追溯回公元前 700 年左右的诗人赫西俄德（Hesiod）。赫西俄德在开创性的著作《工作与时日》（*Works and Days*）中表达了许多有建设性的见解。虽然正如他的观察，劳动是人类的宿命。他也注意到工作能够带来许多实践上的好处，诸如能

---

① 古希腊的货币、重量单位。

124

够得到果腹的食物、活动筋骨、打击惰性、取得财富以维持像样的生活质量。所以赫西俄德建议人们去工作：

> 即使饥饿之神厌恶你，神圣而尊贵的狄米特（Demeter）会爱护你，用食物填满你的谷仓；因为饥饿之神是懒人志同道合的伙伴。诸神和人类都对无所事事的人感到愤怒，懒人在自然界中就像是无刺的雄蜂，只吃不做，浪费蜂群的辛劳；然而请仔细安排你的工作，到了适当的季节你的仓库就会丰盈。人们从工作中获得羊群和财物，而且工作更能受到诸神的喜爱。工作并不可耻，可耻的是无所事事的人。而且只要你工作，懒人很快就会因为你变得富裕而嫉妒你，因为名誉和声望伴随着财富。只要你把误入歧途的心思从别人的财产转回自己的工作上，依我的吩咐照料好你的生计，无论命运如何，工作都是你最好的选择。邪恶的羞耻感常伴穷人，而羞耻感既会使人精神受创，也能让人发达：羞耻与贫穷同在，自信与富裕同在。

话虽如此，到了克林安特斯的时代，希腊人看待工作的态度早已悄悄弥漫着某种特别的矛盾情结。那些"重要"人士，也就是市民阶级中的高级分子，他们多半是拥有私人财产的贵族。这些人不需要工作，甚至还倾向于贬低努力工作的人。就像有钱的花花公子会开着红色法拉利在市中心闲逛，招摇过市，有钱的古雅典人也会骑着最爱的牡马到集市上卖弄地小跑一番。

无论自己是否身为那自豪的马主，人人都鄙视劳动人口中最底层的人——奴隶，他们是推动古希腊经济运作的引擎。一如亚里士多德自信地声称，奴隶制度的存在是因为有些人类具有受人奴役的天性；这种人生来不能自由，而得受更理性的人领导。亚里士多德意识到奴隶制度有损人格，但他同时庆幸着自己的命运有别于那些奴隶。克林安特斯同样也害怕自己会因为战争导致自由被剥夺、被卖为奴隶，而多数人一样也是这么认为，无论是在亚里士多德还是在克林安特斯所处的时代。然而，亚里士多德并没有和今日的我们一样，或多或少会自然地同情奴隶，很显然他从未想到奴隶也可能摆脱苦工，摆脱他们劳动生活毫无意义的循环，从而获得一点尊严。

像是陶工、鞋匠、园丁之类的工匠就落在有钱的贵族和贫困的奴隶这两种阶层之间，他们的技术因为实用而得到赞赏。在我看来，苏格拉底把这种想法推进了一步。他承认工匠拥有某种智慧，其所属职业的实践智慧。他主张这种实践智慧是艺术的一种，借以指出他们的技艺（Know-How）体现了个性，并不是读本书就能够掌握的技术，而是追随工匠师傅培养出来的。因此，苏格拉底的说法是，我们不仅应该赞赏工匠的技术，也应该赞赏工匠这群人。于是，工匠就不再被认为是奴隶。也许他们感觉就跟许多现今的人一样，为了谋生而工作，同时会获得一些成就感及些许的自豪。然而，他们意识到自己一直缺乏古希腊人那种真正的自由，至少和最幸运的那群人不大一样。

还有另一类的"劳工"值得纳入古代劳动力的类别之中，那就是乞丐，因为他们揭示着另一种谋生态度。在古典时代，连中世纪的欧洲也是一样，有一种人的身份是"祝仪乞者"（Ritual Beggars），他们是和宗教性仪式相关的男孩、女人、女祭司。另一种情况是，一群乞丐来到你家为你献唱，祝你财运亨通、多子多孙，用以回报你的慷慨解囊。这是有尊严的举动，因为人们会自然地对自己的财富过于信赖，而乞丐能唤醒这份不安。当他们双眼看着你，伸出污秽的手，他们会说，你也可能变成我这副模样，或者也许会更温和一点，他们会提醒你别过于辛劳了。

时至今日，这类旅行者和露宿者能够再次为我们扮演这种值得尊敬的角色，而不仅仅是被视为麻烦吗？

犬儒主义者承接了这种传统，他们在行动中呼吁大家回头重视真正重要的事物，除了披风、拐杖、小背包，他们身无长物，四处闲逛。他们深信大自然会提供生活所需，而且人类本性为善，肯定会施以援手。对路上的这些先知施舍，就是你向他们表示敬意的机会。对他们慷慨解囊，能使你冒险接纳他们的生活方式，也许还能受益于这种生活方式带来的智慧，即便是以不愉快的辱骂接受。赞扬犬儒主义者的斯多葛哲学家爱比克泰德以此描绘他们的形象：

我穿着一件粗糙的披风，本应穿成这样。我睡在坚硬的地板上，就该这么做。我也应该拿着背包和拐杖，开始四处游荡，向遇到的人们乞讨并加以辱骂。

乔治·奥威尔（George Orwell）在他的《巴黎伦敦流浪记》（*Down and Out in Paris and London*）中有一段想法，可说是对这类举动产生微弱的共鸣：

乞丐实际上看起来也跟商人没两样，用伸手乞讨的方式跟其他商人一样在讨生活。与多数的现代人相比，乞丐并没有出卖自己的自尊，他只是错误地选择了一个不可能发财致富的行业。

这一切都是在说，人们不应该对人生这么乐观。有一则故事是犬儒学派的第欧根尼在雕像前乞讨。有人问他在干什么，他自称正以遭人拒绝来锻炼自我。

克林安特斯并不乞讨，他非工作不可，不过他很清楚只需工作到必要的程度，不应该超时工作。

我们从克林安特斯唯一留存至今的残篇著作中掌握这种哲学的意义，那是一篇《宙斯的赞美诗》（*Hymn to Zeus*），始于赞颂这伟大的神祇、万物的第一因、律则的支配者，他让宇宙万物各司其职运作。接着，在数行之间，这首赞美诗就变得更个人化了。克林安特斯的赞颂诗展现了从他自己个人的角度对道德边际的反思：

> 有人渴望名声，无论这对诸神多么不敬；
> 另外有人没有安排好任何生活准则，一味拼命赚钱；
> 还有其他人耽溺于安逸、愉悦及肉体的快感。
> 他们重复着这些愚行，一次又一次，
> 他们沉迷愚行而急切地撇开了自己真心盼望的一切。

这里有着这么一句话，经过了好几个世纪仍在传诵：那些只是为了钱而工作的人沉迷于此道，"急切地撇开了自己真心盼望的一切"。

这就是克林安特斯要我们避免的情况，他会让我们真切地意识到许多人工作的时间可以更短。此外，如果他们照办了，就能够充分去追求自己的爱好，而且有时间可以享受。工作是为了谋生，如此而已。如果有更多工作找上门，他也会放弃。很少人能像克林安特斯一样，也许我们有些人应该向他学习，戒掉那些电子邮件可能是个不错的开始。

但是克林安特斯的人生中还有一些不容忽视的关键，他明白自己的爱好，也就是哲学——他中年危机带来的后果就是哲学思索，使他来到雅典拜入芝诺门下。说得更明白一点，他并不是单纯不想工作，而是为了寻求自己最热衷的兴趣。因此，更深刻的洞见是，如果你不想错过人生中的美好，就必须知道自己的爱好。此外，为了爱好牺牲收入和地位也在所不惜。了解、辨识出自己的爱好，会比你想象的还难得多，下一章的哲学家就是要帮助我们思考，如何更加了解自己的爱好。

第十三章

马罗尼亚的希帕嘉为爱成婚

择己爱而爱是勇气也是自由

很显然，古代希腊女性过着一种枯燥烦闷而且得奉献贞洁的家务生活。据说她们得关在家里，跟与世隔绝的修女一样不自由。当她冒险上街时（也许是去神庙替她的丈夫和孩子祈求保护，献上宗教性的祭品）需要裹住全身受人护送。古希腊人会对年轻男子如此热情而坚定，其中的一项因素在于女性根本不会被当成诱惑、求爱、献殷勤的对象。追求年轻男人是为了示爱，追求女性只是为了结婚；青年有的是魅力，女人有的是孩子。

就贵族而言，情况可说是更严重，你的地位越高，就有越多繁文缛节得遵守。

安德洛玛刻（Andromache）是高贵的赫克托耳（Hector）的配偶，她作为悲剧性人物受人纪念，注定要为她在特洛伊战争中被残酷杀死、分尸的丈夫哀痛。在雅克-路易·大卫（Jacques-Louis David）的画中，那是阴暗的室内，她就坐在尸体旁边，这豪华的家是她金碧辉煌的监牢。她仰望上天，失落地倚坐着，孩子紧抓着她的衣服，她能做的不过就是以战争中的受害者、一位女性的身份咒骂诸神为她带来的灾难。

至于她快乐的日子，以下是欧里庇得斯的戏剧《特洛伊妇女》片段，看她如何描述自己实践婚姻中的节制：

首先，若是妇女并不待在自己家里，无论她是否犯错，这么一个事实就会带来恶名；因此我放弃了出门的渴望，就待在家里；我禁止家中传入其他女性的流言蜚语，我在丈夫面前得轻声细语、眼神柔和；我知道自己应该管好哪些事，也知道是否应该服从他的权威。

这就是她快乐的日子。

然而，只要有规矩，就有破坏规矩的人；只要权威存在，就可能遭到反抗。如果说安德洛玛刻不让流言蜚语进门，那就意味着存在着流言蜚语偷偷散播，只不过是在别的地方。古时候的确出现过一些挑战当时习俗的奇女子，其中一些是女性哲学家。

希帕嘉（Hipparchia）是其中一位女性哲学家。她生于希腊北部色雷斯（Thrace）地区的城市马罗尼亚（Maroneia）。马罗尼亚以一种据说闻起来像花蜜的酒闻名，而且这种酒很醇厚，能够以体积二十倍的水稀释。酒神狄俄尼索斯（Dionysus）就被供奉在马罗尼亚。当地有一座圣所，这座圣所的地基仍保留到现在，据说应该是希帕嘉在世时建造的。一来是她见到所处时代的政治动荡，也许再想到狄俄尼索斯式的奉献精神，结果就激发了她的反抗意识。她深信自己必须追求真正想要的人生。

根据第欧根尼的记载，随着时间离她的婚期越来越近，一切都到了紧要关头，也就是说，她是时候必须和某人或真心相爱的人许下承诺，了解对方，学着成为妻子。显然她可以成为任何有钱人家的女主人，毕竟她有许多求婚者。他们一一出现在她面前，展示各自的财富、家世、样貌，但她毫无兴趣，把所有人全打发了。

她的双亲很不愉快，请她理智一点，但是他们的女儿誓死不从。她说她宁可自杀，也不愿对这些趾高气扬的孔雀摇尾乞怜。也许是因为他们的过度虚荣，让她知道富有是会如何拖累人生。

但是希帕嘉的任性其实别有玄机。真相是她早已心有所属，这个男人名为克拉特斯（Crates），也来自富有的家族，只不过他已经成了社会灾难，故事是这样的：

某天，克拉特斯看了一出关于忒勒福斯（Telephus）的戏剧。忒勒福斯是海克力斯（Heracles）之子，传奇性的悲剧人物，他曾被阿奇力士（Achilles）打伤，而且伤势无法恢复。根据神谕的指示，他恢复的唯一办法是说服造成他不幸的人治愈他，于是他就抛下了荣誉，换上流浪者的破衣潜入希腊军队的营地。忒勒福斯在那里向袭击他的阿奇力士求饶。

这个故事深深地打动了克拉特斯，虽然不知其所以然，但肯定是有个启发性的契机使他着迷。无论理由为何，这个故事使他放弃能够实收两百塔兰特（Talents）①的继承权，这数字多到足以使他成为今日的百万富翁。他转而投向哲学——加入犬儒学派，并把现金全都分给穷人。

就各种意义来说，这样的弃绝宣言使克拉特斯声名大噪，得到了一个"开门者"（Door-opener）的称号。显然是因为他在新的生活中养成了一种习惯，在进屋告诫市民之前，他会粗暴地对周遭的人大喊："打开他的前门！"当不安的邻居思索着财富最好的用法是拿来享乐，还是效法这位不速之客的弃绝，他就会对他们宣扬"累积财富是虚荣心作祟"。不仅是斥责让他们心里不舒服，对古希腊人来说，跟现今的多数人一样，他们的家就是自己的城堡。有人也许会在集市上遭到指责，那只是因为他被当成市民来对待。但是在私人的住所遭到谴责感觉就像一种羞辱。理所当然的，有时候家门又会再度打开，为的是将克拉特斯赶出来。从另一方面来说，有些人认为这位先知的出现即使令人为难，应该还是能带来好运。他有另一个称号是"善良的恶魔"（The good demon）。

这位克拉特斯就是希帕嘉倾心的对象。她着迷于他的勇气，对他的离经叛道感到开心，被他的正直吸引。贵族式的生活能够带给

———————————

①古希腊质量单位，亦作货币单位。

她的不过是单调的一夫一妻婚姻，而她在克拉特斯身上却能够获得激情。她不想"在织布机上浪费更多时间"，一天也等不得。他就是她的最爱，包括他所主张的一切。她已经准备好必要的牺牲。

起初希帕嘉的父母感到困惑，不仅仅是因为觉得羞耻。其实克拉特斯也毫无吸引力。古希腊人对其貌不扬的人也可以非常苛刻，而克拉特斯已经习惯被人嘲笑，好比说赤身裸体在竞技场运动的时候。他坦然接受自己的样貌，认为所有人迟早都会被下垂的皮肤和疼痛的关节折磨——这些人只是因为无法面对自己真实的样貌才会嘲笑他。正是那种想法使得美容整形成为当今世上的一门新兴产业，这不就也象征着我们不能面对自己生命有限的真相？

然而，无论他怎么强辩，嘲笑肯定对克拉特斯的心理造成深刻的影响。据说当他知道美丽的希帕嘉爱上他，他就全身脱光，在她面前展示他的身材。"我能为夫妇生活带来的是这副残缺的身体，"克拉特斯说道，"如果你真的爱我，肯定是因为我的心灵。我可以带给你的愉悦并不多，不过你能和我一起过上单纯的生活。"

野兽站在美女面前，而美女冲进他的怀抱。他正是她所盼望的人。她在皮肉的表象之下感受到某种神圣。若说她以前还不能肯定，现在则明白自己的爱好。她已经准备好献身。

19世纪的德国小说家克里斯多夫·维兰德（Christoph Wieland）创作了一系列的宫廷体书信，比拟克拉特斯和希帕嘉之间的情节。他想象克拉特斯正担心希帕嘉会对她的决定感到后悔：

> 但是，亲爱的女士，你不该欺骗自己，你真的这么肯定爱上克拉特斯这种怪人会是快乐的吗？我的心也如此依偎着你，我可以跟你保证，我的爱跟我所带来的生活乐趣一样丰富，若是我向你坦诚：即便你已经为我牺牲了这么多了，我甚至还不能为你做出像你对我

这样的古怪的突发奇想者所做出的牺牲，你的想法会是什么？

然而，她肯定且乐意地坚持要接受他：

亲爱的克拉特斯，你在想我有没有可能是在欺骗自己，我相当确定爱上像你这么独特的人会感到快乐。不用为我焦虑，我内心的满足就使我相当快乐了；我并没有感到失落，也没有额外的期盼。

婚姻通常是家长决定的大事，而不是让孩子自主选择，不过没有任何希帕嘉双亲进一步反对的记录。他们也许是被她的真诚和投入所打动。有些人追求自己的所爱时相当有魅力，即使旁观者不明所以。也许他们已经疲于维持自己的身份地位，对社交自满有所怀疑。

相关证据是希帕嘉的兄弟梅托克（Metrocles）也成了犬儒主义者，哲学风潮似乎影响了整个家族。事实上，也许是梅托克最先跟希帕嘉谈到克拉特斯，"善良的恶魔"相当于拯救了他的人生。

事情发生的经过应该是这样：某天梅托克在他的同侪面前感到非常窘迫，觉得无法再面对他们。他在羞耻及侮辱的折磨下把自己关在屋子里打算绝食而死，克拉特斯纯粹出于同情而拯救了他。年长的犬儒主义者为年轻人带来了黄羽扇豆种子制成的美味食物，他对梅托克说，他遭遇的并不是什么灾难。梅托克的羞耻反而是智慧的泉源，这样的经历可以解释为成熟必经的阵痛。重要的是如何应对自己所犯下的错误，失足犯错的事实无关紧要，其实任何人在人生中做任何事肯定都会犯错。梅托克对这种思想感到惊讶，他当场皈依成为犬儒主义者，很可能立刻冲去告诉他的妹妹。

希帕嘉也皈依了，拥抱丈夫的生活。他们一起育有两个孩子，都培养成犬儒主义者。以下这段隽语据称是她的自述，读起来像是她的信条：

我，马罗尼亚的希帕嘉并没有服从妇女的习俗，而是以男人的心遵循犬儒主义的生活。我从来都不喜欢系紧衣裙的胸针，也从未因缠足或是在头带上抹上香水而感到高兴；我所选择的是拐杖、赤脚、紧贴在身上的折叠披风，还有坚硬的地板，而非床铺。我的生活比梅纳尔（Menalian）的女士还要美好，因为狩猎不如追求智慧。

事实上，她这值得纪念的婚姻、献身的至爱中有着双重反抗。根据规定，犬儒主义者会反对这么世俗化的结合，正是因为婚姻就是如此世俗。一位后来的犬儒主义者（本书很快就会介绍）波里森尼斯的毕翁（Bion of Borysthenes）以严苛的道理批判婚姻关系："若是你的妻子很丑，那是你罪有应得；若是她很漂亮，你应该分享她。"大仲马（Alexandre Dumas）的情感观点泄露出父权主义的弦外之音："婚姻的锁链是如此沉重，以至于需要两个人，甚至是三个人才能承担。"

除非，你是深思熟虑过，也就是说，你是为爱成婚。这样的灵魂伴侣对你而言成了另一个自己，两人结合之后又胜过原本的自己。你能够克服种种意识形态，甚至拒绝相关累赘，发现一种深刻的自由。这暗示着另一种想法，在这离婚屡见不鲜的时代值得深思。这并不是个"两人应该同甘共苦"的礼教问题。就某个意义来说，希帕嘉自己就否定这种婚姻观念，当时拒绝了和那些原本排队上门追求她的人结婚。不如说，她的人生证明了献身于婚姻也可以是一种自由，即便这话如今听起来很荒谬。反过来说，无穷的选择也是一种束缚——希帕嘉肯定同样意识到了这件事，因为雅典的贵族们曾在她面前吹嘘炫耀，乞求她选择他们。她对婚姻的承诺使她能够自由地过着她想要的生活，这也是很好的选择。

这个故事说明的是，爱你所盼望的对象是如此困难，因为这取决于你是否具有勇气，加上坚定信念作为先决条件，并非只和情感或浪漫相关。如果你要嫁的是克拉特斯，那真的一点都不浪漫。希帕嘉的人生突显了婚姻的代价有多高，不过这个价码能够使人自由。

第十四章

波里森尼斯的毕翁教你改变心意的智慧

哲学界的"变色龙"

这些知名的雅典古代哲学家们有个相当引人注目的特点，他们多半不是雅典人。其中，柏拉图是个雅典贵族，他家就在辉煌的雅典城中；至于苏格拉底，据说他也生于雅典、长于雅典，很少离开这座城市。但话说回来，他没继承多少遗产，他在婚姻中从妻子手里得到的反而比较多，因此当他置身在那群年轻而富有的追随者当中时，肯定觉得自己显得格格不入；至于亚里士多德，正如我们所知，由于他常常基于人身安全的理由四处迁徙，很少会真正感到宾至如归。不过当我们考虑到第欧根尼、伊壁鸠鲁、芝诺时，就符合上述特点了，在雅典人眼里他们都算是异乡人，他们众多早期弟子也是一样，例如奥内西克里特斯和克林安特斯。

这种情况一定程度来说算是时代的产物，因为当时地缘政治的剧变带来了人身风险和社会动荡，同时也带来了旅行的机会。就跟其他全球化力量运作的时期一样，这个世界变成文化熔炉，并产生出新的哲学。当代我们也看到类似的情况，来自远东的观念在西方大行其道，反过来说，西方的观念也开始影响东方的意识。这很可能会导致恐惧，恐惧外国人及其信仰。基本教义派就是人类回应这种情况的一种方式，这是要在信念间划清界限——无论是宗教信仰或是科学信念，这条界限禁止逾越、从未改变；尽管人们总是会变，这也是理所当然。

因此，应该培养一种更好、更加真诚且明智的态度：在评估考虑新的可能性时，就做好改变的准备。这条路并不好走，会为你带来敌人和批评，不过这正是在瞬息万变的世界中掌握机会的方法。这并不尽然只是抉择问题，并非从各类信念中想挑什么就挑什么，像在点菜一样那么美好。应该说，要用深入的眼光佐以深刻的投入，努力过着充实的人生。

接下来这位哲学家就是典型的例子。毕翁生来就是异乡人，要不是因为灾难，他的人生似乎注定默默无闻。他的父亲是咸鱼贩子，在经济萧条的时期负债累累。他的母亲是妓女。"他们是绝配！"毕翁如此说道。当他还是孩子的时候，整个家庭就沦落成奴隶了。

毕翁的家乡波里森尼斯（Borysthenes）就在黑海北岸，对希腊人而言差不多算是世界尽头。"波里森尼斯"的意思是"广阔的土地"，用来指涉那包围内陆、无尽而空旷的大草原。这个地方也让人意识到所谓的无边无际，毕竟它就位于巨大的第聂伯河（River Dnieper）河口。而且第聂伯河也被称为波里森尼斯，长两千多公里，堪称乌克兰（Ukraine）的密西西比河（Mississippi）。

据说希罗多德（Herodotus）于公元前5世纪、毕翁出生的两百多年前来到这里，认为这里是名副其实的"丰饶之角"（cornucopia）：

> 波里森尼斯当地就提供了最美丽的牧场，给牲畜带来最好的照顾，显然还有优质而最丰富的鱼类；它的河水最为甘美而清澈，不像其他的河流那么混浊，沿岸盛产最优良的谷物，遍布茂密的草原。

希罗多德接着说，这里还有古怪的城市、惊人的事物，当地的美食中有一种无脊椎的海洋生物"安塔凯伊"（antacaeans）。当地使用的硬币是制成海豚的形状，而非圆盘状。不过两百多年之后，一切都变了，这个地方也就没落了。由于再也产不出美食，当地市场崩坏，甚至咸鱼也不例外，因而毕翁的父亲背了一屁股债。毕翁有身为异乡人自觉的双重理由——他生于与世隔绝之处，而且变成奴隶。

然而，毕翁还有一项可取的魅力——美貌，或是就他自己的描

144

述，他并"不算是不够优雅的年轻人"。也许他的魅力有部分是源自潜藏在外貌之下的优秀心灵。他在奴隶市场被一位雄辩家买下，这个雄辩家靠辩护谋生，因此能够欣赏他急遽成长的智慧。毕翁肯定打动了主人，当这位雄辩家去世时，他把自己所有的海豚形硬币都留给了毕翁。

身为命运之子，他知道机会来了。世界为他打开了一扇门，而他必须起身跨过去。他毅然挥别过去，烧了他所有的书籍，在这听起来像是道别过去的仪式中，他沉痛地吟诵了一句荷马的诗句："这是我夸口要跨越的家系和血脉。"他抖落了脚上的乌克兰尘土，动身前往雅典，开启新的人生和新的哲学。

当时，有人在表现出令人印象深刻的决心时，通常会被诠释为傲慢，这正是那些改变人生的人不得不面对的危险之一。毫无疑问，当毕翁来到雅典时，旁人把傲慢当成是这个家伙具有的典型特征（Defining Characteristic），毕竟他是"从世上某个可疑的角落侨居过来的前奴隶暴发户"。第欧根尼称毕翁为"滑头的人物""狡猾的辩士"，这种恭维之词就跟称某人为心机重的律师没什么两样。他被视为自负的人物，而且那些说着"他们凭什么要求我们如何过活？"的人通常把毕翁当成用来对抗哲学家的例子。

毕翁所坚持的原则也许足以清楚地说明他树敌甚广的原因。他曾经指责某个轻浮的年轻人像松软的奶酪一样赖在阳光之下，言下之意是在批评某些雅典人的相关恶习；他也责难过另一个人拿朋友的不幸偷偷取乐，但没有人喜欢这种涉及和睦相处的个性被人放大检视。曾经有位富人向他询问自己感到苦恼的原因，对此毕翁给出的答案是：变得富有。他的解释是，财富的麻烦在于你其实没有掌握财富，而让财富掌握了你。局外人心理就是能够看穿其他多数人生活中视为理所当然的现象，尤其是对方生活中的空虚自满。毕翁的"错误"在于他说出自己的想法，因此他遭受了像诚实的异乡人一样的痛苦。

鄙视金钱是他人生中的一贯特征。后来，他得到马其顿国王安提柯二世（Antigonus Gonatas）的资助时，只要了三枚奥波勒斯买些面包。尽管国王给了他总数多达一塔兰特的一大笔钱，毕翁则全数用来换得他想要的一条面包。也许这是因为他出生于把硬币制成海豚形状的地方，又或者这正是云游四海之人的做法，无论这是实情还是出自他的想法，他很清楚，金钱仅能换来那些能买到的事物，此外在生活中没什么价值。

他还教导弟子说，赠送他人礼物比自己收到礼物还要好，理由是付出会塑造一个人的性格，反之接受礼物只会使人消极。他还有一种说法是"成就人生的道路狭窄"，又评注说"通往地狱的道路易行"。

这一切都足以让鄙视他的人心烦意乱，但真正令他们恼怒的是他宣称为人必须正直。当然，任何人都看得出这位来自北方的旅者是一位机智的奥德修斯，但这次鄙视毕翁的人或许有些道理，因为他看来一次又一次地改变心意。

毕翁在打定主意过着犬儒主义生活之前曾是色诺克拉底（Xenocrates）的学生。色诺克拉底是柏拉图学院的领袖，在那里传授趋近上帝的德性。色诺克拉底是不折不扣的智者，任何想要宗师指导的人自然都会选择找他。他时常这么说："我有时候会因发言而后悔，但从不保持缄默。"只不过，毕翁后来还是离开了。

接着，又是一次明显的变卦，毕翁和人称无神论者的西奥多罗斯扯上关系，他的思想和色诺克拉底代表的柏拉图主义者（Platonists）相距甚远。西奥多罗斯也自认为是世界公民，而且四处迁徙，应该是他赞同云游四海的生活方式吸引了毕翁。

然而，毕翁追随西奥多罗斯并没有维持多久，又有人发现他出席了狄奥法都（Theophrastus）的演讲，而狄奥法都是亚里士多德的哲学学院"吕克昂"的领袖，又是柏拉图学院的另一个对手，显然毕翁又再次跳槽到另一边了。

有人指控毕翁根本是"发夹弯"（Flip-flopper）。也就是说，他的哲学被装饰成五颜六色，谁能辨别出他现在到底算是青红皂白哪种颜色？他很显然是全部都支持。然而，我料想这应该有更深层的含义，因为他并不仅仅是赞许正直，他的作为实际上就表明了他的想法。

古代哲学的困境在于它并不被世人当成是生活的学问，而被当成说服的学问。对这些辩士（Sophists）而言，最重要的并不是追求真理或是活得更好，而是打赢论战。辩士为了利益滥用哲学，他们并不是为了追求真相，而是关心怎么赚钱。

毕翁痛恨这种趋势，他肯定会喜欢诗人威廉·古柏（William Cowper）的诗句，这位 18 世纪的文学作家在《错误的发展》（*The Progress of Error*）这首诗中写道：

正如葡萄的藤蔓攀附着树木岩石，
隐藏着它所依赖的废墟，
因此诡辩，紧密穿过并护卫着罪恶的腐败枝干，
隐瞒着它的缺陷。

在雅典这个哲学发源地，毕翁对哲学的"腐败枝干"大失所望，便移居罗得岛（Rhodes）。他宣称自己能分享优质的小麦，而非粗糙的大麦，他永远离开了雅典，寻找新的开始。

换言之，他拜入不同哲学家的门下并不是因为他无法打定主意，

或似乎只是喜爱无穷无尽的选择。相反地，他是想了解众人的思想差异有多大，并非只是借着阅读他们的著作或评估他们的演讲，而是要置身其中，见证哲学如何影响人生。他对于能够说"我知道你的想法"没有兴趣，而是要能够分享深刻的情绪，会说"我明白你的意思"。

这意味着他必须暂时服从于不同的观点，体验置身于某种世界观之中的情况，然后他才能明白这种观点并非理性分析，而是个人体会。毕翁认为贴近美好生活的核心要点在于能够实践同理心，借着想象力进行跳跃，从不同的角度看待这个世界。这种同理之情是异乡人能够拥有的另一种能力，尽管他们也意识到这是一种危险。这其实相当自相矛盾，同情别人恰好会导致自己产生完全相反的情绪。

这种生活方式不只在于获得各种不同的智性体验，不然就只是像那种把旅行当成是达成核对清单的旅行者，看到金字塔就误以为了解埃。这种生活方式的重要性在于：它是获得真正教育的第一步，能够产生鉴别力的那一步。当代思想家罗曼·柯兹纳里奇（Roman Krznaric）也把同理的艺术当成是为人处世的核心要务，他说同理心牵涉到"扩展自我，超越自我中心和自私自利"。"扩展自我"令人联想到成长、拓宽、深化，意味着跨越自己所理解的安全范围，由此从其他人的丰富资源和他们所过的人生中获益。

简言之，实践同理心需要花心力，也会招致周游四方的毕翁所面对的那种表里不一的指控。也许同理心最大的风险在于它会让你觉得自己好像什么都不懂。不过话说回来，实践同理心能得到的回报是更有深度的反思，苏格拉底自己曾宣称掌握智慧的关键并不在于你懂了多少，而是在于你对于自己知识的局限是否有深切的体会，获得的方法就是透过和他人进行思辨性的交流互动。毕翁肯定会认为：苏格拉底也是一位有同理心的哲学家。

毕翁后来对这种哲学方法相当投入，在人生晚年还发展了一种实践技巧。这种实践被称为"抨击"（diatribe），如今这个词就跟"猛烈炮轰"或"盲目叫嚣"是同义词，是基本教义派热衷于捍卫立场的常见举动，不过他们展现的精神和毕翁希望培养的正好相反。

在毕翁那个年代，"抨击"并不是那么具攻击性，也更具启发性。那是一种深思熟虑的交流，目的在于使所有参与者互惠。毕翁则引用了这个概念并加以扭转，他的想法是：你必须站在对手的角度，或是自己并未充分理解的立场，然后据此尽你所能地构思"抨击"。这会变成一种同理心的练习，也会使你自己受益，这样能够说服你接受自己曾极为抗拒的事物，最起码能够扩大你的理解。

我们其实并没有毕翁本人所著的"抨击"文本，但是我们有他其中一位追随者迈加拉的特雷斯（Teles of Megara）的作品。其中一则是特雷斯想象一个人主张要对抗穷神。他害怕贫穷，所以依据古代抨击的传统，是由穷神告诉他这种忧虑其实是误会：

穷神说："你为何要对抗我？我有剥夺你高贵的一切吗？节制？正义？勇气？你并没有缺乏人生的必要之物，不是吗？"

这种想法就其本身而言并不是在赞许贫穷，而是要让那个人减轻对贫穷的畏惧。他在这则抨击里想象要是变穷的话会是怎么样，然后明白贫穷并不会夺走他高贵的一切：节制、正义、勇气。他应该能意识到贫穷并没有像他想象的那么糟，摆脱畏惧，因而活得更自由。简言之，创作反诘句，对自己进行一些讽刺和模仿，这种毕翁式的抨击有助于使人关注真正重要的事物。

另一个在毕翁那个时代普遍关切的焦点正巧也是他这个人遭遇的不幸：他遭到了放逐。也许这是野心勃勃的马其顿人征服战争造成的后果，又或许是因为他被卖为奴隶。迈加拉的特雷斯也在一则抨击里处理了这种忧虑：

放逐会剥夺什么样的美德或哪些美好的事物吗？会夺走灵魂、身体或是外在的善吗？健全的推论、适当的品行会被放逐夺走吗？放逐肯定无法夺走你的勇气、正直，或其他任何德行吧？那么当然也夺不走身体上的善吧？难道说一个人到了国外就会不健康、不强壮、视觉不敏锐、听不到同样的声音吗？

健全的推论、适当的品行、勇气、正直、健康、强壮——这使得被放逐这件事看起来很有吸引力，毕翁也能证实这点。

事实证明"抨击"这种技巧历久不衰。历经了整个古代世界，后继的哲学家也加以采用，到了基督教时代则变成布道的主要方法。"抨击"跟布道没什么不同，到了 16 世纪某位最伟大的实践者手里再度大鸣大放，那就是"法国的苏格拉底"——蒙田。一直用于布道的"抨击"到了他手上变成了散文，蒙田就在这些随笔中进行自我审视或自我挑战。正由于蒙田是在处理他真实的恐惧和个人的考虑，所以这些文章令我们感到耳目一新。挑出这个例子来说：蒙田会问"一致性"对你的行动来说有多重要。也许你乍听之下就会回答，至关紧要，因为一致性是构成真诚的本质。很好，蒙田接下来的反思要人面对自我：

不但偶然事件的风向会吹得我任意摇摆，自我立场不坚定也会骚扰我的心境。任何人只要略加注意，就会发现自己绝不会处于同一个心境两次。如果我常常以不同的方式谈论自己，这是因为我以不同的方式看待自己。在我身上能找到各式各样的矛盾，一切都是基于某种角度和某种特质：怕羞、傲慢；纯洁、放纵；健谈、沉默；勤劳、文弱；机智、愚钝；忧愁、乐观；虚伪、真诚；博学、无知；慷慨、吝啬以及挥霍。

因此这则随笔的训示是不用太在乎人性中这些"风声"和"不协调"：承认这种情况正是所谓的智慧，若是以一致性的名义加以否认，那就只是无知而已。领悟同理心价值的哲学家也会赞同这样的洞见。事实上，毕翁自己可能写过类似蒙田的随笔。

毕翁的智慧在于他试着从那些有别于己的思想中获得洞见，这种智慧最终得到了认可。当他生病且显然快病死的时候，当地的国王先是派了两名仆人来照料他，接着又亲自前来向他致意。这位来自波里森尼斯的凡人与他的众神和平相处，毕竟诸神无所不知，所以不知道改变主意的乐趣。这位富有传奇色彩的哲学家，他五彩缤纷的人生大约在公元前 245 年结束，但是他的哲学能够在这多元而五彩斑斓的世界延续下去。

第十五章

爱笑的哲学家——加达拉的梅尼普斯

笑一个，别太严肃

根据西班牙艺术家维拉斯奎兹（Velazquez）的描绘，梅尼普斯脸上挂着滑稽的笑容，他半侧着身看向观众，大大的鹰钩鼻隔开了那双俏皮的双眼，仿佛是在说"你竟敢瞧着我看"。他穿着平民的衣物，一件厚重的黑披风从肩膀披垂到马裤和靴子间。维拉斯奎兹正用这幅作品暗示他的资助者西班牙国王：哲学家深信智慧能够出自最不可置信的来源。

加达拉的梅尼普斯（Menippus of Gadara）的人生经历中充满欢笑。显然他的著作洋溢着幽默，因而能像古人记叙的那样，为我们带来另一个生活艺术的相关元素。事实证明，这一直是他关注的问题。

哲学可以说是在逗弄心灵，也许这并不令人意外。因此，从某个角度来说，哲学全都是精心策划的玩笑。思考一下"说谎者悖论"（Problem of The Liar），这玩意儿可以归诸公元前4世纪的哲学家米利都的欧布里德（Eubulides of Miletus）。如果我说："我是个骗子。"先假设这句话的确为假，在这种情况下我所说的就是真话，因此我就不是骗子；但假使我所言为真，那么"我是个骗子"这句话的意思肯定是我正在说假话，因此我根本就不是骗子。讽刺的是，严肃的哲学工作有时候也能提醒自己不用那么严肃。嘲笑理性的极限对人类而言很有价值，因为这能使人在生活中保持轻松。

亚里士多德可能是率先注意到人类是唯一会笑的动物，他写道："唯一会笑的动物是人。"言下之意是，那些并不欢笑或更糟的是无法欢笑的人就某种程度来说还不如正常人类。毕达哥拉斯就很有可能沦为这种人，他因为从来不笑而被人们记得，不过这是数学的功劳。反过来说，其他人是因常保愉快而被记住，例如人称"爱笑的哲学家"的德谟克利特就是显而易见的人选。从人们的丧礼到政治选举等大小事件都能使他格格发笑，背后的理由是他能够看穿人生的荒谬。他发现人生是如此有趣，也因此他活了快一百岁。这也显示了要为你的人生带入一点笑声的第二个理由——笑能够长命百岁。事实上，当代心理学也证实了一些类似的观点，研究发现，乐观的人死于心脏病的可能性远低于悲观的人。

古代的哲学家试图建构出能够说明人类何以会发笑这奇特习性的理论。柏拉图提出了一个说明人为何会笑的观点，而这通常被称为优越性理论。他推测笑是灵魂中愉悦和痛苦混合的结果，因此人们发笑可能是出于恶趣味。例如："换个灯泡需要用上几个柏拉图？""那要看你的'换'（change）是什么意思啊。"这个笑话就是拿这位哲学家取乐，因此符合所谓的"优越性"。先让这位哲人保持他的定位，然后嘲弄他的伟大及影响力，这是幽默所具有的第三种价值。

这并不是说柏拉图反对幽默，这从对话录中精妙的机智可知。事实上，学界也花了不少笔墨探讨知名的"苏格拉底式的反讽"（Socratic irony）。苏格拉底哲学性的生活方式在他的描绘下似乎隐含着这种幽默，也就是这种幽默吸引朋友们聚集在一起，并使得大家活得更诚实。柏拉图意识到开玩笑也能被恶意滥用，好比说试图用令人痛苦的笑话击溃对手。因此讥讽是最低等的幽默，他反对这种做法。或者说，柏拉图是使用人称悲喜剧（tragicomic）的手法，以捕捉某些令人会心一笑的人类处境。

柏拉图在《会饮篇》中就使用了这样的手法作为心灵处方，

用以描绘爱的悲痛。柏拉图把这个故事归诸一个叫亚里斯多芬的人物，他在现实中正是知名的喜剧作家。《会饮篇》记载人类一开始是拥有四只手、四只脚的圆形完整体，他们可以把附属的手脚收进体内，就像个大球般在地球上呼啸滚动。诸神开始畏惧这些快速而强大的生物，因此宙斯就把人类切成两半。这个神话解释了男人和女人的由来，每个人都是原始整体的其中一半。此外，这也说明了别的事：我们会花时间在地球上寻找另一半，其实是受到那种想要恢复完整的欲望驱使。这则神话的治疗性价值在于，它一方面捕捉到了爱情悲剧性的本质：人类有时迫切需要找到某人，想重获合二为一的感觉；另一方面也有着喜剧性的本质：人类一开始的整体竟然是那四只手四只脚、呼啸滚动的滑稽样貌，这能使陷于恋爱苦恼的人失声而笑。

还有一个与幽默相关的观点是"不协调性理论"。这类名言妙语的例子来自一本古代的笑话集《爱笑人》（*Philogelos*）。其中一则是，有个人去找医生抱怨说他早上起床的时候总是会晕眩二十分钟，结果医生答道："晚二十分起床啊！"西塞罗用以下这种方式来定义发笑的不协调性理论，这对我们很有帮助："我们预期别人说出一件事，结果却是期待落空使自己发笑。"因此，我们有了另一个欢笑的好理由：从不满或痛苦中拯救自己。

上述许多想法都汇集在梅尼普斯的人生之中。他生于公元前3世纪，原本是奴隶，赎身后获得了自由。他指出嘲弄习俗及追求自由的顽固举动"非常有趣"，这使他得以在历史上留名。梅尼普斯因精于幽默的技艺而变得相当有影响力，看他死了数百年后，维拉斯奎兹还会画他的肖像就足以说明这点。最特别的是，他还让自己的名字变成一种讽刺文学的形式："梅尼普斯式讽刺"（Menippean）。这些散文作品几乎就像是小说，描写的对象是奇特的事物，但与众不同的是，这种文学突显了所谓的"智性疾病"（diseases of the intellect）。其中一个知名的例子是阿普列尤斯（Apuleius）的《金驴记》（*Golden Ass*），故事中的非正统主角因为沉迷于练习魔法，结果变成了一头驴子。他罹患的智性疾病是迷信和不理性，讽刺文学就以这点挑起许多乐趣。

琉善（Lucian）传述那些梅尼普斯的相关故事都是本着类似的精神。富人常常是琉善笔下的梅尼普斯所嘲讽的对象，并从他们的遭遇中获得极大的乐趣。举例来说，他想象诸神对富人降下制裁，作为惩罚，强制将他们的灵魂转世变成驴子长达二十五万年。驴子在笑话中的作用就很像黑猩猩和猴子，只要朗诵这种古老的谚语，"在驴子嘴里，山蓟跟莴苣没什么差别"，自然就能引发笑声。在另外一处，琉善描写梅尼普斯嘲弄古代希腊祭司施行的种种繁文缛节，他假惺惺地照着这种方式做事，把冷水淋在山羊身上看看它是否发抖，或是披上亚麻布、拿着一条面包，匍匐爬进洞穴中。在讽刺文学家眼里，这些都是花招把戏。

琉善还写了应该可以称为梅尼普斯信条的作品，那是一条掌握欢笑核心价值的公式，并总结了欢笑在生活中如此有价值的原因。

根据这则故事，梅尼普斯正在追求人生的意义，他问过诗人、政治家、哲学家，但事实证明这些人都无法提供任何帮助。他们睿智的思维极其不一致，因此梅尼普斯去找琐罗亚斯德教的祭司（Zoroastrian Magus），对方告诉他，为了向神话中的先知特伊西亚斯（Tiresias）求教，他必须下到地狱。于是梅尼普斯用一把七弦琴、一张狮子皮、一顶水手帽武装起来，用来纪念曾经踏入这黑暗旅程的前人：奥菲斯（Orpheus）、海克力斯和奥德修斯。

梅尼普斯进入了地下世界，旅途中经历了一连串的冒险，最后找到了特伊西亚斯。于是他向先知提问：人生有什么意义？这位眼盲的贤者说他有个答案，他身体微向前倾——梅尼普斯正兴奋不已——将这些低语传入了急切的哲学家耳中：

安排好当下，稳稳前进，多笑，别太严肃。

第十六章

马库斯·曼尼利乌斯 的自由意志论

机会或命运？宿命论与占星学

有些古代生活的特征如今已不具主导地位，有些信念当时相当普遍，如今也不复存在。其中一个很好的例子是"天命"的概念，那是一种认为某人或某事主导着我们命运的设想或期待。除了最具怀疑态度和最坚定的哲学家，古代的每个人在面对诱人的命运时都会三思，但在现代世俗的心灵中，这种恐惧早已烟消云散，因为现代人并不认为那是真的。

有些人仍坚信有所谓的好运，这会表现在每周购买彩券的习惯上。也有其他人宣称古老的天命自行其道，主张人类应该自求多福。即便在有宗教意识的那些人心中，天命的意义也变了。他们多数人现在至少相信：如果上帝存在，他（她）肯定是慈悲、正义、公平的神。希腊、罗马人想象的那种会无情诅咒人类的神祇，现在会被认为比人类还不如。

然而，关于这种人类心智的深刻改变，令人感兴趣的是，某些老旧思维方式的余绪依然存在。即便是基于严格意义的世俗观点，我们还是可以在自己的想法中察觉到旧思维的影响力。为了明白旧思维所发挥的作用，以及支撑着我们生活的期盼、志向是如何受其影响，重新检视古代的观念会很有启发性。

进入这个领域的其中一种方式是考察马库斯·曼尼利乌斯（Marcus Manilius）的人生。曼尼利乌斯有时被称为最后的教诲诗人（Didactic Poets），古代教诲诗的写作传统可以从罗马时代的卢克莱修追溯到希腊时代的赫西俄德。曼尼利乌斯拥有伟大的心灵，兼具艺术性的天性，他的五卷诗集《天文学》（*Astronomica*）使他成为 1 世纪时的宇宙知识先锋，我们对他的了解全来自这部著作。

我们一路探访古代各哲学家生活的这段旅程，现在来到了这个时代。举例来说，黄道十二宫的系统把天体分成十二个占星单位对应到十二种不同的人生就是首见于这部著作。

曼尼利乌斯在各个时期都吸引了众多粉丝，其中最著名的或许是身为诗人、古典学者的豪斯曼（A. E. Housman）。豪斯曼在某封信件中坦诚他对曼尼利乌斯的喜爱甚于埃斯库罗斯，而且认为任何优秀的拉丁学者皆有同感。出于对曼尼利乌斯的热爱，豪斯曼为《天文学》编辑新的版本，他为了出版《天文学》奋斗了近三十年。

豪斯曼的奉献尤为显著，毕竟我们对曼尼利乌斯这个人所知甚少。纵然曼尼利乌斯从各方面来说都是默默无闻，但他个性的其中一个面向却相当特别。曼尼利乌斯成为某种斯多葛理论的典范人物，这个理论在古代就引起各种争论，如今在哲学中这种理论又被提出，即"决定论"（Determinism）：人类无法掌控的要素会一定程度地影响我们的人生。当时认为上天的力量支配着人类的命运，也就是天命；如今我们则是认为生物性和物理性的力量决定人生。但有趣之处在于，这类的假设至少还是留下部分相同的问题：无论是谁、是什么样的要素支配着我们，它究竟能支配到什么程度？换成另一种问法就是：人类真正享有多少自由？

曼尼利乌斯对命运采取极端的看法，他主张，即便是人类显然最为精妙的资产——思想，同样是被决定的。"不，思想不被决定！"你也许会透过展现自由作为反驳，则曼尼利乌斯会回应说：命运预定了你的反驳，早在你意识到命运之前、你开始读这章之前、更也许是在你出生之前。因为就算你承认自己的行动已经被决定了，你还是一样受到宇宙力量的支配。

如今，有几个不尽相同的主张站上了舞台，其中一种最显眼的版本是在探讨自由意志（Free Will）的本质，一种似乎对美好生活至关重要的能力。关于自由意志的讨论通常会提到心理学家本杰明·利贝（Benjamin Libet）进行过的几项实验。他在受试者移动手掌或弯曲手指时观察大脑，还特别要求他的受试者在决定好收拢指头的时候打信号给他。他的发现是，在受试者有意识的决定之前，大脑就出现了无意识活动，相当于提前预知了有意识的决定，那是相当值得注目的时间差，即使不到一秒，却千真万确。许多人从这些结果和其他类似的实验所得出的结论是自由意志是假象。著名的哲学家和科学家宣称，我们的大脑为我们决定了一切选择，因此自由意志已死，人类其实没那么自由。

现在其实有很好的理由能够质疑这么激进的判断，我们晚点会回来讨论。至于此时，就让我们先假设极端版本的决定论为真，我们作为人类设想自己拥有的自由，事实上只是约定俗成或是幻想。这样的理论观点值得加以探讨，因为它越来越普遍，而且要是这种观点被证实为真，就能够警惕我们也许将蒙受哪些损失，因此这类思考也相当有价值。我们能够向曼尼利乌斯这类讨论过相关情况的哲学家请教，因为这正是他们抱持的见解，我们也许可以问他：在这种观点为真的情况下，为何他们还是认为人生可以活得有价值？决定论不就是最糟的那种宿命论（fatalism）吗？

曼尼利乌斯与其斯多葛学派同伴的迷人之处在于，这么明显而悲惨的处境并没有使他们灰心丧志，相反他们认为决定论带来的不是恐惧，而是自由。

斯多葛主义平衡命运和天命的方式相当迷人。那时的人和现在一样，认为这两者是对立的两个要素。"每个人都是打造自身命运的铁匠。"这是克劳狄（Appius Claudius Caecus）的想法，他是那座纪念自由的伟大遗迹亚壁古道（Appian Way）的建造者。佛吉尔（Virgil）则主张克劳狄彻底错了，他写道："诸神不以为然。"

斯多葛主义者却与众不同，因为他们认为命运和天命相符应，他们是宿命论者，但不是听天由命，命运乃是天赐。对他们而言，人生最大的挑战在于发现及接纳自己的命运。

这种"乐观的决定论"源自他们的科学哲学。他们同时是彻底的自然主义者，认为物质世界运作的力量可以说明一切事件的发生；然而，他们也是虔诚的信徒，深信存在某个根本原则，通过世界的力量控制着万事万物为善。他们称这个根本原则为"逻各斯"（Logos）或上帝。问题在于如何调解命运和天命。斯多葛所说的命运是无尽的因果序列，在这样的宇宙中显然没有自由意志可言。就算有个看起来好运的事件，无论是出于选择或是奇迹乍现，肯定能追溯到某个深层而隐藏的原因。斯多葛主义者认为这两者并非互不兼容。2 世纪的斯多葛主义者塞内卡在他的书信《论天命》（On Providence）中表达得很好：

即使看起来不规则、不确定性的现象——我是指流水、浮云、轰然作响的雷电、山峰裂口喷发的火焰、地震时的颤动、其他自然界中的动荡因子在地球上启动所引发的骚动，这一切无论发生得多么突然，绝非毫无原因；不但如此，这些现象都是特定原因造成的结果，因此以同样的方式可以看出，看似奇迹的现象源自某种不和谐的条件，例如海浪中挟带的暖流和宽阔的海洋中涌现的巨大岛屿。

那么，这个世界如何同时被"具有目的性的心灵"和"盲目的天命"支配？神性在其中扮演什么角色？斯多葛主义对这个问题的解答是：神圣的天意就是万事万物的起因。因为上帝是理性的，他的意志就体现在万物都有合理的安排。绝无其他的可能性，否则就意味着上帝不理性。

让我们再稍微探讨塞内卡的书信，因为其中强调人生的美好。"大自然不会允许善受到善的伤害；好人和诸神间存在着美德带来的友谊。"在这则公式中有赖另一项关键要素去支持他关于神性作用的解答。那些降临在人们身上、被称为厄运的事也许本身令人难以承受，但是这些情况也培养了人们的美德，因此，就这个意义来说，这些事也算是善。"上帝不会让一个被宠坏的宝贝变成好人，好人会被考验、变坚强、能够自立自强。"

这造就了人的韧性。无论受到考验的人遇上了什么事，他们总是能够平静，也值得拥有平静。"正如无数的河川、来自天上的倾盆大雨、大量涌出的泉水，都不会改变海水的味道，甚至连淡化都办不到，因此厄运的袭击也削弱不了勇者的心志，"塞内卡接着写道，"灾难是成就美德的良机。"由此可知，"好运"才是真正的大敌，有鉴于它妨碍了美德的实践，甚至应该称之为坏事："逃离奢侈，逃离使人衰弱的好运，逃离使心灵逐渐迟钝的事物。"

读到这样的证成理由，看来命运和天命的结盟需要付出的代价，将成就某种明显的英雄式伦理的人。然而，斯多葛主义中还有一类相关概念，能够缓和这种倾向。

这个概念就是斯多葛主义者同时学会如何使自己与自然和谐共处。这种开明的观点跟纯粹的韧性一样，都是美德的一部分。这些哲学家意识到活生生的逻各斯和他（她）息息相通，把自己置于神圣的秩序之下就是解脱之道。美德的训练就是获得自由的训练，因为自由就是在既定的方式下蓬勃发展。塞内卡深信："我不是上帝的奴隶，而是他的追随者。"

因此，以这种方式获得的平静，从根本上来说，并非基于对痛苦和困难的粗暴忍耐。归根结底，这种平静是一个人学会从正确的观点看待宇宙所带来的精神满足。这会带来顺应的感觉，并摒除了要让世界满足自身欲望的冲动，因此也会感到相当自在。塞内卡的结论是："习惯回归自然的人，完全不会不愉快。"

以上借着塞内卡阐述了斯多葛学派乐观宿命论的观念，至于曼尼利乌斯着重的是另一个方向，一种沉思的要素。事实上，促成他完成诗集《天文学》的驱动力是一种对星辰的热爱，星辰是使人能够接纳任何命运的希望之光。占星学被描述成诸神的礼物，能够指引我们穿过这个被命运决定的世界。古埃及人率先发现这些将行星和人类联系在一起的力量，而曼尼利乌斯相信，诸神为我们提供了新的工具来拓展这种科学，也就是天文学的经验方法。魔术和神秘学的进展是随着当时技术和知识进步而发展出的具体成果。

曼尼利乌斯的诗以激进的宇宙进化论为开端，说明宇宙万物的起源。即使是以我们的科学性视角来看，仍出乎意料地好读，其内容讨论了天体运转怎么产生离心力、行星和星体如何在空间移动。他的看法来自这样的概念，把宇宙视为有生命、会呼吸的有机体，而人类是这有机体的一部分。这种盖亚假说（Gaia hypothesis）表达了一种"宇宙同理心"（Cosmic Sympathy），这个要素把决定论的束缚转化成强化人类行动的外装机甲。

因此，仰望天际既是要了解世界的心灵，也是要看出自己的未来。看那星座多么规律地出现！注视这巨大的演示，察觉到星体的轨迹多么完美、毫无偏差！天体运动是在天空中书写的生命奇迹！这种秩序为曼尼利乌斯的自信提供了基础：解放式的决定论构筑了我们的生活。结果是使他对占星学产生浓厚的兴趣。

如果说未来是注定的，那就能透过星体得知。他转而向天体寻求教诲，因为理性的抉择必须和天体运行一致。以另一种方式来说，占星学是一种疗法，如果未来的一切都已经确定，那对未来忧心忡忡毫无意义。事实上，忧虑就象征着你硬是把意志加诸于这个世界去抵抗命运，这样是白白浪费精力、是背弃自由，未能切实生活。相反地，相信天命、与神性同在，这就是理性的哲学。曼尼利乌斯接着说：

> 人类知道你的力量，而不是观察你的量体，
>
> 敏锐的理性依赖着这高贵的力量，
>
> 而理性征服一切，支配天际，
>
> 谁能想到人类是如此了解这个世界，
>
> 因为他和世界合而为一？
>
> 他的身上展现了相同的平静，
>
> 人类是上帝的缩影。

并非所有的斯多葛主义者都这么热情地接受占卜。早于曼尼利乌斯几个世纪的班纳杜斯（Panaetius）质疑过占卜的可靠性，并害怕这种思想会败坏斯多葛学派的名誉。不过他被同伴视为异端：如果天体会表达逻各斯，则美好人生的本质在于接受命运，有人可能会质疑一些用来占卜的方法，但肯定不是把占卜全盘否定。西塞罗在他所著的对话录《论占卜》（*On Divination*）中示范了这种立场。他承认，我们以为非得先看看乌鸦是从东边叫还是西边叫才能确认朱庇特大神到底有没有显灵，这似乎有点愚蠢。不过当时的占卜既是艺术也是科学，洞察力才是核心和关键。

占星学与其科学领域的表亲——天文学，有很长一段时间关系密切。直到18世纪，重要的物理学家还会出于非纯粹科学的理由对星体的移动保持兴趣。牛顿公开他的万有引力和运动定律后，其中一个影响是掀起了占星推测的热潮。这似乎非常古怪，但回想一下，牛顿的定律暗示着，有种神秘的力量将天体固定在一起，此

169

外，它能够作用于任何事物——从维持月球依循轨道绕行地球到使苹果落到地面，可说是无所不能。这种力量能够远距离运作，没有任何事物能逃开它的影响。这不就是占星学者一直以来所相信的力量吗？牛顿学说似乎证实了"行星的位置能够决定人生的结局"这种概念。

现在严谨的科学已经否定了这种迷信，万有引力不过就是一种力量，能够决定星体的移动，但无法控制我们生活的轨迹。然而，正如我们已经注意到的，决定论这个命题本身一直对某些科学家或哲学家很有吸引力。曼尼利乌斯等斯多葛主义者坚称存在着环环相扣、无穷无尽的因果序列，许多当代科学家也这么认为。此外，科学已经在解释各式各样的事物上取得了巨大的成功，因此也很容易让人倾向于相信，科学终究能够解释一切事物，将宇宙万物都包进一个完备的法则系统。这就是新型决定论的来源，也是哲学再度发挥作用的理由。那些与自由意志相关的实验将会对这种理论带来新的刺激。

可以肯定的是，曼尼利乌斯决定论的传承者不再是盯着天体去判定你所拥有的性格本质，他们改成解读你的基因。他们并不认为被你称为自由意志的这种幻觉背后是神圣的逻各斯在起作用，但是他们在扫描观测你的大脑时，揭示了其他隐藏力量的影响。这是从遥远的星体拉回来的内部转向。古代和现代比起来有着明显的区别，但从某种角度而言，两者的根本动机依然一样：宇宙万物都是由不可避免的因果关系所支配，对斯多葛主义者而言是逻各斯，对我们现代人而言是自然律。

然而，这两者还有另一项差异，从人类的角度来说，如果现今这种激进版本的决定论被证明为真，结果则会使人更加沮丧。在古代斯多葛学派眼中，这个宇宙驱使的力量是仁慈的，逻各斯是善的，和当代决定论那种空洞的因果关系完全不同。当代的新型学说主张，生命不过就是一种机制，组成这种机制的要素皆盲目而毫无目的性。极为欣赏曼尼利乌斯的诗人豪斯曼这么说："因为自然，无知无欲的自然；既不关怀，也不知晓。"

这是一种更为阴郁无望的观点，一种会把大家变成梦游者的哲学。这是真正的听天由命，将会泯灭人性，根据像曼尼利乌斯这类古人的说法，他们肯定不会大力分享这种世界观。鲁莽的现代人轻率地拥抱决定论，把它当成可信的真理，视之为人生的指南，那么斯多葛思想就能帮我们看透其中的关键。

其实我们也有理由对此加以追问，而不仅仅是出于害怕这种观点对人类有什么意义。一方面是因为正如之前暗示过的，这些当代实验远远称不上能够导出什么定论。重新思考那个自由意志的实验，说是大脑深处已经预料到要弯曲手指。虽然实验很引人入胜，但事实上他们无法宣判自由意志的死刑。举例来说，实验中的受试者一直是在弯曲手指，如果他们坐在那里以为手应该要动的同时却不由自主地弯了腿，那实验结果就很有看头。但是他们弯的还是一根手指，这是顺从他们同意之后所下的命令。也就是说，他们依然是以某种方式在行使自己的自由意志。此外，即使这个动作可以被脑内无意识的部分预料到，重要的是，别忘了你的大脑还是属于你的一部分，也就是说，"整体的你"仍然在下决定。

其实我们可能有个更好的选择，正如文艺复兴时代的哲学家伊拉斯谟（Erasmus）所说，自由意志是"纠缠不清的迷宫"（Tangled Labyrinth）。就算那些自由意志实验本身的结果及其蕴含的意义，似乎都违反我们的直觉，我们还是有足够好的理由能解释这种情况：了解我们自由的本质需要解开许多纠结，而我们大概不可能彻底掌握。

回顾古代斯多葛思想还能带来其他启示。我们也许不再分享着那种天命仁慈的观点，对很多人而言损失很大，但损失也就那么大而已。毕竟我们依然能和曼尼利乌斯一起看着天体，欣赏其巨大的演示，而我们如今对天体、天命的理解程度及掌握的奥妙可说是曼尼利乌斯做梦也想不到的。也可以说，斯多葛学派会相信人生是美好的，不仅是因为他们相信逻各斯，也因为人类显然有能力为善。当然，我想没有人会认为时人涉及适当行动、培养美德、追求正义等方面的能力不如塞内卡那个时代的人吧？所以我们可以为了美丽的天体多做一些人间的善事。当哲学家和科学家为了哪些是被决定、哪些是自由的而持续争斗时，曼尼利乌斯则提醒我们不需要（至少还不用）抛弃具有人性价值的一切事物。

第十七章

对哈德良写下死亡警告的静默者塞孔杜斯

别当背包客，旅行真的好危险！

2 世纪 20 年代晚期至 30 年代早期是相对比较和平的时代，当时在位的是文雅的皇帝哈德良（Publius Aelius Hadrianus）。哈德良在统治期间的前几年一直努力使帝国恢复平静，限制罗马人长达数百年的扩张政策，转而选择巩固自己的国土。"他一生中大部分时间都与外国和平共处。"历史学家卡西乌斯·狄奥（Cassius Dio）如此回忆，从雾气弥漫的不列颠尼亚（Britannia）北部山丘到尼罗河上游的干燥地区，稳定造就了繁荣，也造就了旅行的意愿。

这位皇帝发现自己很难乖乖待在家里，就我所知，他在位期间花了多年时间旅居国外。他非常热爱旅行，除了自家后花园，还想看看世界的每一个角落。当他不得不回家时，就会花费令人瞠目的心力把他涉足过的世界一起带回来——他在罗马城外的提弗利（Tivoli）建了巨大的庄园以容纳带回来的一切。这座庄园内部模仿再现了世上各个伟大建筑设计，填满了皇帝在旅途中所见的大量雕塑、装饰品，这只有他这种亿万富翁级别的游客才办得到。这座庄园其实相当于一座城镇，比当时的伦敦还大。因而某份古老的资料是如此描述：

他建造了美妙的提弗利庄园，他可以用各个省份和知名地点的名称来命名庄园中的不同区域，举例来说：吕克昂、雅典学院、普利塔尼（Prytany）、卡诺普斯（Canopus）、柱廊（Poecile）、神庙（Tempe）。为了毫无遗漏，他甚至还造了地狱。

旅行其实是件很危险的事情，当你旅居在具异国情调而七彩缤

175

纷的地方，又想起暗淡而熟悉的家乡，两相比较下的结果会使你心生不满。芬尼·伯尼（Fanny Burney）的小说《赛希莉亚》（*Cecila*）中的梅多先生（Mr. Meadows）置身于迅速工业化的伦敦时就如此说道："旅行会毁灭所有幸福！看过了意大利的建筑后，这里就没什么看头了。"或者可以说，旅行会改变你。要是你是家族中第一个去上大学的人，就得面对沉重的风险，你接受了教育，从那个地方回来，也许会发现，家乡在你眼里变得极为陌生，在他们眼中你也变了。从那时起，你就被迫住在大学城和家乡之间的无人地带。

类似的情况就发生在 2 世纪的另一位旅者身上，他现在被称为"静默者塞孔杜斯"（Secundus the Silent）。他的父亲很可能是工匠，在他幼年时就去世了，这年轻人被送到国外，经过多年的游历才回到自己的出生地。然而，当他回到家时，他的变化已经大到没人认得出来，于是他就决定不泄露身份——这一点在接下来这段成为他人生转折点的故事里，是个非常重要的细节。

如果说塞孔杜斯曾是优雅的青年，我们可以想象他成年的形象是邋遢、长发、满面胡须。他成了一名哲学家，至于他的性格，我们可以从他在官司中的辩论方式中得到一些了解。据说他解决了一件涉及暴乱煽动者的争论。当时已经颁布的判决是煽动者处以死刑，看似相当简单明了，不过还没考虑到这点，被惩罚的这个人宣称是他亲手阻止了动乱，而且依照惯例，缔造和平的人能够获得奖赏，这就是棘手之处。因此要求塞孔杜斯解决的难题是，这个既是动乱煽动者又身兼动乱终结者的狡猾男子应该被处死还是得到奖赏？他似乎同时符合两种条件。于是塞孔杜斯问：动乱的煽动与平定何者先发生？是煽动。因此塞孔杜斯的结论是：先执行这个家伙的处罚，之后再让他享受那些奖赏。

这实在既狡猾又聪明，但令塞孔杜斯变得广为人知的却是他不再说话的故事。

他回到出生地过了一段时间之后，决定进行一项显然令人不愉快的实验，那就是测试他的母亲会不会出卖肉体。也许这样的奇想背后是在呼应他年幼时就被送走的一种俄狄浦斯情结（Oedipal），他决定做的事情带有一些弗洛伊德精神分析法的色彩。他收买了母亲的女仆，于是女仆做好一切安排，确保她的女主人会被塞孔杜斯本人勾引，当然他现在完全是个陌生人了。

这非比寻常的私密服务肯定令他母亲感到讶异。一是因为面前这位男人的吸引力在于言谈而非样貌，二是因为隐姓埋名的塞孔杜斯看了他母亲的胸部一眼，转身倒头就睡。心理学家告诉我们，失去母亲的乳房是人生最大的精神创伤之一，也许失而复得是极大的慰藉。无论这奇异的反应是出于什么样的理由，都避免了这天产生出无可挽回的结果。只不过到了隔天早上，这项实验出现了可怕的差错。

两人起床后，塞孔杜斯决定此刻要表明自己是她长年分别的儿子。他的母亲对他的归来感到震惊，又对自己表现出来的淫荡感到恐惧，便奔出门外上吊自杀。现在轮到塞孔杜斯受到折磨了。他不愿意为这悲剧责备自己，而是选择把满满的罪加在舌头上；作为定罪的象征，他发誓永远沉默。他再也不说话了，再也不冒险使用语言，毕竟那些语言的飞箭已经带来了这样的悲剧。俗话说，言语能杀人于无形。塞孔杜斯的人生正是要提醒我们，言语的破坏力有多么大。

后人对塞孔杜斯的评价很好，大家认为他的赎罪很适当，他一直遵守誓言。事实上，他成了哲学式的英雄。这则故事演变成神话，散布的范围东起叙利亚，西至埃塞俄比亚，在整个古代世界四处流传。这个故事似乎在许多层面发挥作用：一种是语言的危险；另一种是当你在改变后回到家乡会有的危险；此外也涉及试探自己所爱的人会带来的危险。塞孔杜斯在中世纪的欧洲变成一种非宗教性的圣人——有上百份与其传说相关的圣贤传记抄本流传至今。任何像样的拜占庭二手书店都可能找到这则故事的一些版本。

塞孔杜斯的故事还有一点也值得纳入我们的指南。由于他的誓言，他还活着的时候就名扬四海，这为他带来了许多访客。到了128 年，一位值得纪念的访客路过——正是旅行途中的皇帝哈德良。正如有些人热爱在旅途中来点趣事或奇遇，哈德良待在雅典的期间会设法和塞孔杜斯碰上一面其实不足为奇，也许更可能的情况是塞孔杜斯被招来觐见哈德良。

我敢说古时候的人总是对皇帝和哲学家之间发生的争论津津乐道，渊源来自藏身木桶的第欧根尼要求身穿盔甲的亚历山大别挡住他的阳光，这是奋力维持权力之人和试图摧毁权力之人的过招。由于两者之间的种种差异，他们的碰面会激发众人想象，不过皇帝和哲学家有某些共同点——两者都脱离一般的惯例和规则生活，皇帝是这些规则的制定者，而哲学家予以摒弃。他们享有多数人所没有的自由，而当他们对决时，不可思议的力量和不可动摇的原则所产生的冲突肯定会带来一场好戏。皇帝势必赌上一切，而哲学家一无所有。哪种自由会是赢家？

在这特殊的情境下，我们能设想塞孔杜斯会感到紧张也是正常的，毕竟哈德良的脾气尽人皆知。伟大的医学作家盖伦（Galen）记录了愤怒的哈德良将他手上的笔掷向奴隶那天的情况：这可怜的奴隶被打瞎了，事后这位皇帝意识到自己暴怒造成的后果，充满了自责。他要求向奴隶提出补偿，而这个奴隶在这黑色幽默的时刻要求得到新的双眼。这正是一向强大的人物也办不到的事，算是他一生中相当值得铭记的教训。

焦躁不安的统治者和懊悔不已的思想家相遇了。正如塞孔杜斯去世约一百年后才完成的这本《哲学家塞孔杜斯传》（*Life of Secundus the Philosopher*）中的记载，哈德良要求塞孔杜斯阐述自己的哲学，皇帝说道："哲学家，说吧！如此一来我们才能认识你，要是你什么都不说，就不可能看出你所拥有的智慧。"

　　紧接在这段话之后的是一片死寂，塞孔杜斯不曾开口。因此哈德良以势相逼：

　　塞孔杜斯，在我来找你之前，沉默是件好事，毕竟你没有比自己更杰出的听众，也没有人能够在同等条件下和你交谈。不过现在我就在你面前，我要求你开口。说吧！展现你的口才。

　　依旧毫无动静。

　　哈德良传来护民官，逼塞孔杜斯说出几个字。当你手上有把锤子，任何问题看起来都像钉子，除非是纹丝不动的钉子。而这位护民官在宣告违抗皇帝只能以死刑论罪之前，先是如此评论："我们有可能说服狮子、豹子或其他野生动物说人话，但没办法违背一个哲学家的意愿逼他开口。"

　　塞孔杜斯仍然沉默不语。他过去享受着一种叛逆的个人自由，因为他曾犯下使自己惭愧至极的过错，早已置死生于度外。

　　塞孔杜斯坚定不移。除了选择不说话，他在世上毫无权力，为何他还得放弃仅有的这一点？于是他在如今对他印象深刻的皇帝面前再次现身，这次同意了妥协方案，他会以书写的方式回答哈德良询问的二十个问题。

　　塞孔杜斯的回答为哲学式的人生构成一种问答集（catechism），据说正是因为他写了答案，才被人铭记。举例来说，哈德良问："何谓死？"塞孔杜斯写道：

永恒的睡眠、身体的分解、痛苦的欲望、精神的离弃、富人的恐惧、穷人的渴望、四肢的松弛、人生的逃离和失去、沉眠之父、一个真正预定好的约定、一切的结束。

或是，看他回答"何谓贫穷？"：

被憎恶的好事、健康之母、享乐的障碍、免于忧虑的方法、难以抛弃的财产、发明之师、智慧的发现者、没有人嫉妒的事业、无价的资产、上不了税的商品、无法用现金计算的收益、不受告密者干扰的财产、隐而未现的好运、无须介怀的好运。

不过到了"何谓宇宙？"这个问题时，观众们见到了他们所期盼的场面：有权者和无权者的对决。这些塞孔杜斯写下的回答肯定如飞箭刺入了皇帝的内心。

哈德良，在你身上已经充满了恐惧和忧虑。你在呼啸的冬风之中因寒冷及颤抖而心烦意乱，在夏日被炙热烤得喘不过气来。

我们已经度过了今日，而不知翌日何去何从。噢，哈德良啊！别对我所说的话掉以轻心。别以为你一个人的旅程环绕了世界就感到自豪，因为真正绕着世界运行的唯有日月星辰。

塞孔杜斯看穿了哈德良热爱旅行的真相。从心理学上来说，是因为哈德良暗地里害怕死亡，才会片刻不得歇息。他是通过不断移动而不去注意那些切身要事，也就是那些人生的缺失。

据说这个死亡警告深深地影响了哈德良。因缘巧合之下，哈德良在128年及这次会面之后就必须应付许多私人及政治性的灾难，最先是因为他的爱人在埃及死亡，然后是犹太人在犹地亚（Judea）掀起血腥叛乱。因此哈德良不再是旅行者，更像是逃难者，他旅行的冲动不再是一种快乐，反而变成明显透露出内心不安的外在表现。

然而，对于这位把静默当成哲学性实践、了解旅行危险之处的人，哈德良还是献上他的敬意。他下令把塞孔杜斯的著作存放到神圣的图书馆。至于塞孔杜斯，就我们所知，他再也没有离开过他的家乡。

第十八章

和**恩披里柯**一同面对愚蠢的饮食风潮

挑食的脑不思考，随便吃才能认真想

"吃什么？"是现代人的困扰，自从历史上第一次发现人类会因为肥胖过度而缩短自然寿命，这种困扰在西方变得司空见惯。"在刀叉的大力协助下，我们用牙齿替自己挖出来的坟墓比那些肉食性动物还多。"雷蒙·塔利斯（Raymond Tallis）在他称之为《饥饿》（*Hunger*）的沉思录中如此严肃地思索着。也就是说，当我们放眼望去，事实证明饮食和减肥已经变成人类常年关注的问题，至少在有记载的历史中就是如此。古代哲学家也不例外，这是我们聊以慰藉的事实，那些以活得更好为目标的哲学家也对食物有很多想法。那么他们的想法为何？他们的建议对现今的饮食焦虑是否能带来相关指引？有位哲学家的忠告尤为贴切，那就是塞克斯都·恩披里柯（Sextus Empiricus）。不过在我们进入他和他那个时代（2世纪末期）的舞台之前，先探讨他几位前辈的建议。

我们可以从回顾犬儒学派的第欧根尼开始，一方面而言，他对追随者的教导是任何东西都能吃，应该来者不拒，毕竟他主张蔬菜、肉类、水果、谷物、酒、水从根本上都是由相同的物质原料所构成。他坚称："遍及一切的所有元素构成了万事万物。"因此，对食物吹毛求疵没什么意义。与其在意你吃什么会变什么，还不如有什么就吃什么。然而，从另一个面向而言，第欧根尼也考虑到丰盛的食物会促使人类形成烹饪过量的趋势，因此他认为简单的食物和清淡的口味最好，这样最有可能培养出一种自我反思的生活方式。

至于从犬儒主义演变出来的斯多葛主义，他们主张，应该是为了活而吃，而非为了吃而活；他们觉得身体的自然需求其实相当少，很容易就能满足。他们继而发展更深刻的看法——有一系列迷人的饥饿以超越物质层面的方式构成人生的基本特征：情绪性的饥饿、智性的饥饿、精神性的饥饿。这些有趣的饥饿表现出了人类自身的渴望，因此至少投入一点时间满足这些饥饿肯定会更好。就某种意义来说，如果仅仅专注于应该吃什么这种问题，就是对人之所以为人的置若罔闻。

在这样的脉络下，塞内卡主张"名厨"（那个时代的罗马上层阶级相当欢迎的首席厨师）是文化堕落的象征。宴会变得糜烂，"我们在盛宴上斜躺着，一名奴隶把呕吐出来的食物清理干净，另一个人则蹲在桌边，收集酒醉宾客们所留下的剩菜"。他在一封寄给友人的书信中指出："送上的是另一道无价的野鸟切肉，他以精准的手法和熟练的技巧沿着鸟胸或鸟臀切选出适合入口的大小。不幸的家伙，活着只是为了精确地切肥鸡肉。"也难怪我们这个时代的困扰——过胖，同样对这些贵族造成了麻烦：

> 主人吃的量远大于自己能够承受的程度，以丑恶的贪婪填满肚子，直到肚皮撑开，撑到再也装不下食物，于是他承受着比吃下肚时更大的痛苦把食物全吐了出来。

与之相反，哲学呼吁节制的生活和饮食。这不单是好不好吃的问题，而是常识。塞内卡接着说道："如果食物一吃完就离开胃，那就不会被身体吸收，根本没有好处。"我想他也许会成为"慢食运动"（Slow Food Movement）的支持者。

至于斯多葛学派的对手伊壁鸠鲁学派，他们对于食物也有一些想法。学派开创者伊壁鸠鲁享用了大麦饼和清水，就会觉得自己跟宙斯一样吃得很饱足。据说这位"少即是多"的提倡者会这么说："给我一壶奶酪，那么我就能随时开桌宴客。"

这并非伊壁鸠鲁学派厌恶食物，而是因为他们在那个被称为"花园"的学院中自给自足。其他的哲学会教导说自给自足是好事，但是只有伊壁鸠鲁主义者身体力行，他们种了豌豆、甘蓝、橄榄，真的能够自给自足。任何手上拿着种子、想知道种子到底能产生多大回报的人，只需要把它种在地上，就能和伊壁鸠鲁主义者一样，见证大地丰饶的生产力。

伊壁鸠鲁也很清楚另一项与食物相关的活动——禁食。他禁食的原因应该是实验，他想探讨吃东西和幸福之间的关联。他在一定的期间内只稍微填饱肚子，观察减少或简化饮食会如何影响自己的满足程度。

伊壁鸠鲁认为禁食在生活艺术中算是相当有用的实践，主要有两个理由。其一，如果无法取得食物，总是有可能受苦；在极端情况下，将会是一点食物都没有。古代哲学家生活的那几百年间，饥荒确实定期肆虐整个希腊。雅典比许多地方更能够抵御农作物的歉收或战争造成的食物短缺风险，因为有个港口能从埃及运来谷物。虽然如此，食物的价格千差万别，费用会是某些食物变得遥不可及的另一个原因。因此，伊壁鸠鲁主张：能够不挑剔食物是很有用的技能，毕竟这种好运可能会被夺走。

这种禁食的理由对当代西方人而言似乎已经没多少说服力了：我们并没有遭遇任何重大的食物短缺，至少目前没有。伊壁鸠鲁提倡禁食的另一个理由则很单纯，那是出于对我们称之为饥饿的欲求感到好奇。这种理由至今还没有过时。

科学还没有彻底掌握使我们感到饥饿或饱足的机制。空腹与否有一定程度的重要性，但血糖水平、血液中的胰岛素水平、脂肪酸水平、体温也不容忽视。饥饿感也涉及外部因素，包括看到或闻到美味的食物，即使是素食者也可能会对"培根三明治"产生反应。

单纯的习惯也会起主导作用，例如用餐时间一到，肚子就咕噜作响，或是非得用点心填饱自己，以度过另一个空虚的下午。

伊壁鸠鲁对于探究自己的身心作用很感兴趣。他是深思熟虑地禁食，有意识地观察禁食的影响，以此评估生理性、心理性的各种愉悦和痛苦；想要获得"自我认知"的这种智慧，禁食就是绝佳机会。

"自我认知"这种意义在这个食物不虞匮乏的世界中更为显著。把禁食当成实践活动的时代再度来临，不只是为了减轻体重或练习自制，而是作为了解自我及所处文化的学习渠道。

有个与当代饮食文化相关的议题，古人的想法也可能引起我们注意，那就是节食者的激增。在美国，估计有三分之一的男人和三分之二的女人，只要有空就会节食。就食品产业而言，减肥食品和一般食品同等重要。整个城市都在节食，以俄克拉荷马市（Oklahoma）为例，该市市长于 2008 年做出一项新年决议：该市全市居民的总体重将要减轻一百万磅（1 磅≈0.45 千克）。这个数字本身就很夸张。

减肥已经形成一种宗教，就像"基督徒减重运动"中那样。牧师、啦啦队员为了这个"精神戒律"所推销的影片、协助团体、产品等，多半是以女性为目标。这粗糙的神学论证是这样的：你最好的丈夫莫过于上帝，如果你能为他献上美好的身材，他会发现你变得更性感了。所以问问耶稣吃什么？那你也跟着这样吃！

世俗论者会对此鄙夷窃笑，不过他们随即就会想起，报纸上经常以同样过度简化的文宣怂恿人们节食：一则头条表示红酒很健康，下一则却说红酒有害；一篇杂志报道是在提倡去除碳水化合物的好处，下一篇却又视均衡饮食为福音。为何这些出版物要这么担心我们的腰围？为何矛盾的"专家"会在报纸上占据越来越多篇幅？都是在推销节食。

那么来谈谈塞克斯都·恩披里柯吧。他是哲学家，也是医生，最重要的是他是怀疑论者：他参与了一场名为"探究者"或"寻求者"的哲学运动。这场运动的哲学家认为智慧的泉源在于接受自我知识的极限，而非颂扬所知的广度。

想要了解古代怀疑论，也就是皮罗追随者的思想，其实塞克斯都就是最好的来源。他告诉我们，可以当成生活方式的怀疑论思想，其实几乎算是误打误撞的发现。怀疑论之父毕生致力于寻找其他哲学家也期盼的真理，结果发现自己无法取得多大的进展。此外，判断事物好坏对错的斗争使他们的困扰日益加剧。最后，几乎可说是出于盛怒，他们突发奇想，决定单纯地放弃寻找真理、搁置判断。奇怪的事发生了，他们发现自己被某种自足、平静的感受吞没，就像是暴风平息、纷争停止。"当他们搁置判断，"塞克斯都说，"平静就意外降临了，如影随形。"

怀疑论者也会经验到不愉快的感受，例如饥饿和口渴的痛苦。然而，与多数人不同，他们认为这种痛苦本身不一定是坏事。因此，当他们持续体验到这种渴望的时候，就不会继续承受额外的恶劣感受，比如认为他们无论如何都不该被饥饿或口渴折磨。如果他们有了这类恶劣感受，就好比是道德上的错误或不正义。怀疑论是一种恰如其分地去接受事物的思想，不分事物的好坏，这就是其中的秘诀。

我们谈到节食者激增，并且试图了解这种在生活中显得愈发重要的观念时，塞克斯都就能够提供许多理由说明为何节食会引发世界的不安，更不用说节食几乎帮不了多少人永久减轻体重。首先，塞克斯都会指出，那些能够减掉几磅体重的好坏策略根本没有共识可言；接着，这种混乱恰好显示了为何台面上有那么多种节食手段，这是配合饮食产业，以便让节食者有足够多的选择；缺乏共识的结果就直接关联到产业利润的增加。因此，节食变成那种体重一直没变化的人所选择的生活方式。就像潮起潮落，体重增加之后接着是体重下降。节食者并不会变成体重减轻者，而是会成为"体重观察者"。

然而，如果他们从怀疑论者那里得到一些指引，搁置判断，他们应该能获得些许满足。这么做也许能减掉几磅，也许不能，但至少能够使人减轻压力。可以这么说，多如牛毛的减肥宣传已经演变成严重的问题，至少和过胖差不多严重。

因为塞克斯都遵循经验论主义（Empiricist）学派的治疗方式，所以被称为"恩披里柯"（Empiricus）。这一学派认为我们通常无法解释为何某些治疗、处方、药物有效，然而身为一名好的怀疑论者，塞克斯都以相当开放的心态面对未来的某个时间点就会出现这种解释的可能性。

与此同时，塞克斯都对食物和节食的建议相当简单，"饿了就吃，渴了就喝"，顺应这些感觉，不用感到羞耻。然而，这么做并不需要根据那些专家的指示，他们只会让你变得钻牛角尖；根据你的"日常习惯"——也就是我们所谓的常识就好。从各方面来说，面包应该有营养，那就吃些面包。然而不能过度，因为很显然吃太多面包并不健康。

伊壁鸠鲁曾以相当实际的语气轻描淡写地说过类似的言论："人们可以选择食物，并不只是单纯为了吃得饱，也为了能吃得更开心。"你下次从菜单上点菜时可以好好想想。"为你的肚子喝一点小酒。"也是基于类似的感觉——说这句话的人可是圣保罗呢！

第十九章

生存于暴力年代的海芭夏

在动荡的环境里也要慢思考

面对社会、经济的激变，可以选择的一种方式是全力以赴，而古代哲学家所面对的不确定性和时代变化，无疑地对于从事如今称之为哲学的这种活动会造成实质的影响。然而，这些历史时期当中存在着一项重大特征，本书到目前为止只是随口带过，但其实它既真实又具有威胁性，那就是"暴力"。暴力在这个时代也是显而易见：现代的战争和暴行多多少少都和那个时代一样普遍，而且并没有消失的迹象。事实上，如果气候变迁问题真的被证实就如詹姆斯·洛夫洛克（James Lovelock）这样的科学家所相信的那般严重的话——他间接表示这个星球上70多亿的人口到本世纪末会削减至10亿——那么和我们未来将要面对的处境比起来，旧时代发生过的冲突将显得微不足道。

　　所以，哲学家如何面对这些暴力呢？有位哲学家的故事脱颖而出，堪称典范，那就是亚历山大港的海芭夏（Hypatia of Alexandria）。

　　现在让我们来到4世纪。海芭夏那个时代的亚历山大港已经成为智性领域的翘楚。亚历山大港就像是太阳，其他城市只不过是绕着它公转的行星。如果你造访今日的亚历山大港，几乎看不见任何属于那个黄金年代的痕迹，几乎只是留下一个名字而已。你可能偶尔会发现某根凹槽圆柱或爱奥尼亚式的台座被当成路上的圆环，单独坐落在一小块绿地上。高达135米的法罗斯（Pharos）灯塔在当时惊艳整个世界，夜间从数里外就能被看到。这座古代世界的奇观现在躺在海底，或者是躺在那些灰色高楼地基之下；这片高楼阴郁地站着，沿着现代的海岸线排成一列，如同骨牌般摇摇欲坠。

古代亚历山大港的哲学中心是"缪斯圣殿"（Mouseion），由一位亚里士多德的追随者德米特里·法勒鲁姆（Demetrius Phalereus）创立。这座建筑物成为知名的图书馆，依据相当夸大的说法，这里储藏了七十万卷图书，而且作为一间"版权图书馆"，拥有全套完整的古希腊经典；与其说是博物馆，不如说是吸引当代伟大思想的研究机构。从这里出身的校友有欧几里得（Euclid）、阿基米德（Archimedes）、盖伦、埃拉托斯特尼（Eratosthenes）。宗教学者也对这个地方做出贡献，包括犹太教徒和罗马时代晚期（与海芭夏同时代）的基督徒，因为当时的信徒和异教徒通常会在此一起进行研究。这个地方就像是"牛津剑桥"（Oxbridge）、法兰西学院（Collège de France），或是高等研究机构。海芭夏一出生就与这里联系在一起。她的父亲席恩（Theon）是一位哲学家，是本地的领袖。

虽然海芭夏并没有多少确切的生平细节流传后世，不过显然她在当时就受人景仰。她一开始是受教于父亲，据说她在数学和科学上的造诣还超越了父亲。她说服了父亲送她去雅典，于是她穿着哲学家的披风在雅典待了一段时间。她研究了柏拉图和亚里士多德，在阐述这两种思想时都同样深具权威。她卓越的才能获得肯定，因而得到了桂冠。她回到亚历山卓城后，一份10世纪的拜占庭文件对她的描述如下：

> 她口齿伶俐、能言善道，举止谨慎文雅。整个城市都理所当然地关爱她，并且非比寻常地崇拜她。

海芭夏的演讲很受欢迎，当她乘着马车穿过大街，就会吸引成群结队的崇拜者。

海芭夏生平最可靠的记载来自基督教史学家索克拉蒂斯（Socrates Scholasticus）：

亚历山卓有位名为海芭夏的女性，是哲学家席恩的女儿，她在文学和科学上的成就远超过同时代的哲学家。她继承了柏拉图和普罗丁（Plotinus）学派的思想，能够向听众解释这些思想的哲学原理，许多人不远千里而来接受她的指点。由于心灵被教养得很好，她有着泰然自若、平易近人的气质，她公开露面或出现在地方官员面前的机会并不算罕见，就算来到聚集的群众面前也不会感到害羞。由于她有端庄的气质和非凡的美德，所有人都只会更加敬爱她。

海芭夏有一名学生是昔勒尼的辛奈西斯（Synesius of Cyrene Ptolemais），他后来成为托勒密（Ptolemais）地区的主教。我们可以从辛奈西斯写给海芭夏的一系列书信中窥见她所享有的爱戴和名誉，信中是满满的热情。其中一封是辛奈西斯就他自己某本著作的出版事宜向她寻求建议，因为只有她"真的能做出判断"。辛奈西斯接着说："你向来很有能力，也希望你能长久拥有并善用这种能力。"

她不仅因拥有美貌和良好的判断力而受人爱戴，她也博得他人全然的忠诚。这涉及的是人格魅力和活力，类似柏拉图，这使她凌驾于一般人之上。在另一封信中，辛奈西斯表达了他多么渴望再得到她的消息，他夸张地说：

你的沉默在我全部的悲伤上添了一笔，我失去了我的儿子、朋友，失去了所有人的善意。然而，最大的痛失，是缺乏你圣洁的心灵。我总是希望拥有你的教诲，以克服不济的时运、多舛的命运。

或者再次看看他的想法：

雅典除了这显赫的名字，已不再高贵了……现今的埃及已经拥有并珍爱着海芭夏那丰饶的智慧。雅典早先曾是智慧之家，如今只有养蜂人闻名。

海芭夏也相当坚强。有则故事是她把自己的经血抹在某个学生脸上，好打消他对自己的痴心热恋。无论这个故事是否为真，她的人生都很伟大，因为她活在一个关键人物必须拥有伟大作为的时代。她需要鼓起所有勇气，展现一切伟大的作为。正如她血淋淋的故事所显示的那样，她的性格中有坚韧但不凌厉的一面，能在面对暴力时站稳脚跟。

故事发生的背景是这样：在海芭夏出生之前不久，罗马帝国就宣布将基督教定为国教，结果开启了不稳定的多元化时代。埃及人的三神并立：塞拉皮斯（Serapis）、伊西斯（Isis）、哈波奎蒂斯（Harpocrates）和基督教三位一体的圣父、圣子、圣灵一起受到崇拜。

然后，到了她30岁时，亚历山卓城爆发了内战，宗教也是导火线之一。亚历山大港并非唯一遭到暴力肆虐的城市，这是历史的车轮开始运转的征兆，因为这个世界终将从罗马时代步入基督教时代。我们可以从当时辛奈西斯写给海芭夏的另一封信中稍微感受一二。他在信中对她说，动乱正折磨他的城市，同样的情况也发生在北非，也就是现今的利比亚（Libya）：

我被城市所遭受的苦难包围，令我作呕，因为每天都能看到敌军，居民在祭坛上像祭品般被大肆屠杀。我现在吸到的是被腐烂死尸所污染的空气，我只是等着要承受那个降临到那么多人身上的相同厄运，毕竟，当天空已被猛禽的阴影遮蔽，我们又能如何保持希望？

　　亚历山大港这边，约莫到了390年，紧张的局势达到高峰，因为狄奥菲卢斯（Theophilus）主教颁授法令：禁止任何人进入异教圣所或穿过神庙。这名主教想查封这些礼拜场所，改建成教堂，他的改宗计划引起了激烈的反抗。对抗的双方都有囚禁、拷问、杀人的传闻。塞拉皮斯神庙（Serapeum）显然是大量冲突死伤的场所之一。塞拉皮斯神庙有五百多年的历史，是这座城市的希腊城区中最大的神庙，也是"缪斯圣殿"的支系。塞拉皮斯神庙象征着旧时代的堡垒，而当它作为堡垒挺立对抗新时代，就必须被夷平，结果就是如此。基督教势力大获全胜，因为夷平一个文明的神庙就是摧毁这个文明的灵魂。然而，这只是长期作战中的其中一场战役，"缪斯圣殿"本身得以幸存，至少幸存了好一段时间——"缪斯圣殿"过去曾历经多次大难，已经彻底重建过两次。

　　正是在塞拉皮斯神庙被摧毁后，海芭夏获得了她人生中最高的荣誉，她成为亚历山大港柏拉图学派的领袖。这是"有毒的圣餐杯"，虽然她个人和基督教的主教拥有私交，但现在她则是和异教徒紧紧绑在一起。

　　412年，狄奥菲卢斯的侄子西里尔（Cyril）成为主教后，情况又再一次恶化。这个野心勃勃的男人认为神圣的目的能够正当化极度恶劣的暴力手段，他需要一次大胜好让自己的功绩能与叔父狄奥菲卢斯比肩。他出资创立了私人军队，一支名副其实的黑衣"突击军"（Shock troops），他们的威胁性大到连皇帝本人都得要求西里尔的部队不得超过五百人，以防自己的权威遭到挑战。

　　西里尔遭到基督教城市总督奥雷司提斯（Orestes）的反对，

奥雷司提斯代表着世俗帝国的力量，他也相当残忍，尽管他看起来还是试图维持某种和平的假象。不过奥雷司提斯的权力弱化了，他被一批包括僧侣在内的暴徒打伤（如此看来，异教徒并不是唯一遭到攻击的对象，因为犹太教徒也被驱逐出城，犹太教堂遭到洗劫，财产全落入暴徒手中）。

海芭夏也许试图保持超然，举例来说，她虽然不是基督徒，但她不反对教会查封这些神庙。然而从某种意义上来说，她具有双重嫌疑，这和她热爱希腊文化没什么关系，应该说她的专业知识有一部分显然会引来麻烦。

海芭夏的学问涉及多种领域，一方面包括数学和天文学，另一方面是新柏拉图主义（Neoplatonism）的神秘哲学，尽管新柏拉图主义多半已经整合进基督教神学，但特别是在希腊东部，像是在亚历山大港那样，当新柏拉图主义结合了埃及人的神秘研究（Occultism）就会变成一种令某些基督徒十分警惕的封闭性思想体系。另一位年代稍晚的主教奈桥的约翰（John of Nikiu）只觉得海芭夏的卓越表现是有恶魔作祟。"她终身致力于魔法、占星、乐器，利用撒旦的诡计拐骗了许多人。"海芭夏应该也没有结婚，她也许是想效法狄奥提玛全神贯注于哲学。不过对很多人来说，她的单身状态更容易用来证明她是巫女。

再加上海芭夏和奥雷司提斯的关系，显然成了致命的组合。有谣言说她曾劝告奥雷司提斯对抗西里尔主教，对暴徒来说，只要有这个借口就够了。

422年3月某天发生的情况，索克拉蒂斯的记载如下：

因此，有些人受到怒火及偏执的狂热驱使，首领是一个名为彼德的礼拜朗诵士，他们在她回家的路上伏击，把她从马车上拖下来带进一间名为西赛隆（Caesareum）的教堂。他们在那里把她全身剥光，接着用砖片杀了她。他们把她分尸之后，带着那残破不堪的四肢去了一个叫辛那隆（Cinaron）的地方焚烧。

虽说这位编年史家提到的是"用砖片杀了她"，其实是暴徒用牡蛎贝壳将她凌迟至死。

这宗虐杀被视为基督教早期最恶劣的暴行之一，西里尔本人也遭到谴责。同时代有人说西里尔的行径相当具有威胁性，根本就是在建立一个撒旦王国，和他自称要清除的那个世界同样令人厌恶，然而这阻止不了教会册封他为圣人。

伏尔泰（Voltaire）激动地为西里尔祈祷："我乞求慈悲的天父怜悯他的灵魂。"爱德华·吉本（Edward Gibbon）在他的《罗马帝国衰亡史》（*Decline and Fall of the Roman Empire*）中认为这个事件具有象征性的意义："海芭夏的谋杀案已在亚历山大的西里尔的人格与信仰上印下无可抹灭的污点。"根据吉本的设想，西里尔本人对这位智慧之女所散发的光辉妒火中烧："她美丽如花，智慧完满。"在吉本眼中，这个故事代表着希腊世界用最美好的理性主义精神对抗蛮横的基督教中最为恶劣的教条主义趋势。

吉本的错误在于以如此简单地一分为二的方式看待世界，然而他不过是启蒙时代文学界有这种感受的人当中最知名的人物。19 世纪的诗人勒贡特·德·里尔（Leconte de Lisle）表达得更为直白：

邪恶的加利利人（Galilean）打击你、诅咒你；不过你堕落了，却变得更伟大。如今，哎呀！柏拉图的精神和阿芙萝黛蒂（Aphrodite）的身体已经永远撤离，回到无私的希腊天际。

海芭夏被基督徒折磨致死，成为异教徒圣人，然而她的事迹却伴随着大量简化事实的刻板印象。诗人里尔使用"邪恶的加利利人"这种字眼本身就是在宣泄潜在的暴力情绪。他们以文学的形式使恐惧和憎恨的循环永无休止，西里尔本人大概也会羡慕他们的修辞能力。这让人不禁觉得，这些人笔下纪念的海芭夏应该不会这么做。这是我们从她生存于暴力时代的相关故事中能够学到的第一课。

　　在海芭夏死后，亚历山大港的有智之士为了生存而奋斗。异教徒的世界显然即将落幕，时代证明基督徒取而代之成为动乱根源，至少当时就是如此。宗派意识抬头，圣职人员争吵不休；这些人鄙视、挥霍所处城市的学术遗产。历史证明了第二则与暴力相关的真理——暴力毫无救赎可言，无法促成任何进展；仁慈的革命根本就不存在。

　　接下来还有一点，据说海芭夏面对暴力时最为高贵的情操在于："保有你思考的权力，即使思考出错也好过毫不思考。"这是相当高贵的墓志铭，我们应该能增添这样的注记：就算会因思考而受到委屈——即便是暴力的委屈——也好过完全不思考。与暴力相关的第三课——不断思考，以确保哲学的延续。

第二十章

坦然面对死亡的苏格拉底

死而后生的清透哲学，从终点思考真理的起源

如果你非死不可的话，服毒芹而死是最好的方法。根据色诺芬的说法，这是"公认最容易也最不会痛苦的死法"。就跟为宠物安乐死类似，这是古代最类似于注射死刑的方法。不同于斩首、钉刑等其他处决方法，服毒而死不会流血，这种死法肯定比活活被凌迟至死要好。免除血腥场面可说是对受刑者、家人、朋友相当仁慈。受刑者能够继续驾驭自己的身体机能，最重要的是能够自己管理饮用量，直到最后都能维持镇定、理性、自制。

这是大家为苏格拉底安排好的最佳出路，他已经被定罪，现在正是行刑之日，家人和朋友都得到慰问，或被人安静地护送回家。此时苏格拉底还有时间向狱卒答谢他们的照料。当这杯毒药送到他面前，这位哲学家问道："我该怎么做？"狱卒答道："你只需要喝下去，走动走动，直到双腿感到沉重，然后就此躺下，毒药就会发挥作用。"因此，根据柏拉图《斐多篇》（*Phaedo*）的生动记载：

苏格拉底就这样一直走来走去，直到如狱卒所说的那样，双腿不听使唤。于是苏格拉底依照指示躺了下来，而那个给毒药的人不时地看向苏格拉底的脚底和双腿；过了一阵子，他用力压着苏格拉底的双脚，问苏格拉底还有没有感觉，苏格拉底说没有；然后再换压苏格拉底的双腿，就这样一直往上身按过去，这让我们知道苏格拉底的身体正在变冷僵硬。那个人又碰了一下苏格拉底，然后说等到毒性攻心就结束了。苏格拉底的脸原本已经遮了起来，当他感到下腹也渐渐发冷，就露出脸来说道（这是他最后的遗言）："克里图（Crito），我欠了阿斯克里皮乌斯（Asclepius）一只鸡，你能记得帮我还吗？""我会还的，"克里图答道，"还有别的事要办吗？"苏格拉底没有回应。过了一会儿，听到他动了一下，侍卫揭开头盖查看，发现他已双眼无神，于是克里图阖上了他的眼睛和嘴巴。

就这样，显然这位"世上最好的男人"死了。"我很肯定那是一种惊人的体验，"斐多如此回想，"虽然我目睹了这位友人之死，但我丝毫没有感到遗憾，因为他是高尚而无畏地赴死，而且他当时的言谈举止显得很快乐。"这是理性的死、安详的死、美好的死，这位哲人能够视死如归。

不过，苏格拉底对于死亡，这个所有人都必定得面对的唯一结局，究竟做何理解？他为这不可避免的事件准备好了什么样的处方？具体来说，他是基于永生的保证而能死而无憾吗？

古希腊人论及自己的死亡时，可以利用众多故事、隐喻作为演练。这些故事并没有一致的观点，即便故事来源相同，也能产生各式各样的反思——在没有人真的知道坟墓另一头是什么模样的情况下，这种做法既实际也无可挑剔。

有些人很悲观，他们把来世描述成鬼魂般的可怕经验，活力尽失的生命才会变成不朽的灵魂，以活人涌出的鲜血作为献祭用的奠酒，也许能使灵魂恢复一点原有的精力。但这种观点多半会认为，来世的生活就像在灰暗洞穴中飞舞的蝙蝠，或是依附在墙上的阴影，生命力就如同淡去的阴影般逐渐消失。

古代还有另一种乐观的人，至少那些人生过得很好的人就很乐观。"至福乐土"（Elysian Fields）就是荣耀之地，去世的英雄能在此快乐地过活。该处气候宜人、生活舒适。荷马也是乐观的支持者之一，他在《奥德赛》（Odyssey）中记叙了前往那里的凡人受到诸神的大肆祝福：他们被移送到西方，横渡俄刻阿诺斯（Oceanus）

之水、穿过"白岩"（White Rock），来到太阳神之门（Gates of the Sun）前方的至乐之地，这里有着青葱的草原和紫丁香花。

后来，随着哲学的诞生，哲学家尝试处理死亡的问题也就不足为奇了。我们应该对死亡的丧钟感到恐惧还是欢迎？哲学家们问的就是这类问题，而我们至今仍然会问。还有一件事需要注意，就是"灵魂"的意义。"灵魂"一开始被认为和"心灵"几乎同义，是人类个体无形的那一面，比方说那些在语言、思想、感受、意图中的种种表现。这并不必然意味着身体和心灵或灵魂的二元论，可以只是指身体和灵魂这两个面向统合起来构成所谓的人类整体：一个是有形而具体存在的要素，另一个是无形而并不具现。而且"灵魂"这个词也并不必然意味着心灵不朽，它会随着身体一起死亡，毕竟心灵源自身体。

毕达哥拉斯学派提供了一种很有影响力的设想。这个神秘的传统相信有死后的人生，而且死亡只是通往另一种人生的途径。毕达哥拉斯的追随者，包含柏拉图在内，都相信灵魂转世：那些死亡的个体其实正要踏上一场长达三千年的旅程。他或她不朽的灵魂就某种意义而言就是这个人的同一性（identity of the person）——将会在"大地、海洋、天空"的各种生物间一一轮回，直到再度进入某个躯体成为人类。

据说，毕达哥拉斯自称某次在路上看到一只遭人鞭打的小狗，他心生怜悯，大喊："停手！别打了，它体内的灵魂就是我的某位好朋友，我听到它的叫声就认出来了。"另一则神话描述的是他一开始是身为欧福尔布斯（Euphorbus），接着是赫尔墨提姆斯（Hermotimus）。身为赫尔墨提姆斯的他决定证明灵魂转世，于是他进入了一间神庙，正确辨识出一面盾牌的旧时拥有者，尽管这面盾牌已经腐朽不堪了。他在身为赫尔墨提姆斯之后是成为一名渔夫裴鲁斯（Pyrrhus），然后才是毕达哥拉斯。

如果你有东方人的思考倾向，这些传说听起来应该是耳熟能详的。举例来说，据称具有天慧的奇人能够记得前世。毕达哥拉斯学派相信的轮回转世与素食主义产生联系，还会融入其他形而上学信念，例如"永劫回归"（Eternal Recurrence）：人生是一连串的重复再现，就如同周而复始的日出日落和循环往复的四季更替所显示的那样。

哲学家们也采用了不那么深奥的方式处理死亡、灵魂、大自然间的联系，这就迎来第二种设想，对斯多葛主义来说变得相当重要。在这种设想下，人类是由身体和灵魂构成的整体；在这样的架构下，他们认为灵魂可以分解成目前我们所谓的不同心灵功能：情绪、动机、意识、理性。人类的小宇宙就是宇宙本身的映射。可以这么说：斯多葛学派认为每个人都拥有生命火花，分享了宇宙的生命力。这种生命火花被称为"普努玛"（Pneuma）或是气息，而且它就像神经系统散布于全身。正因人类的身体和构成物理世界的原料相同，由此推演出人类也分享着宇宙的能量。人类肖似宇宙且"得到灵魂"（ensouled）。

这种思想有点像最近兴起的一种理论，就是所谓的"泛灵论"（panpsychism）。泛灵论是起源于某种现象的难以解释：我们脑子里的那坨东西是如何产生栩栩如生的心灵经验的？神经元的活动看来就是和那些生动的经验截然不同，即便这两者确实深深地联系在一起。因此，泛灵论假设物质和心灵其实就像是硬币的正反两面；而且，就某种程度而言，所有的物质都拥有知觉，就算还不到全部都有意识的地步。我们和整个宇宙万物联系的不仅是形体，还有精神。

斯多葛学派把物质的密度和身体的物理上的沉重感联系在一起，而空气、天空、空间的轻盈感则和人类心灵或灵魂的无形面向关联起来。因此，灵魂会在死亡时离开身体、向上飞升，在天空中经过某种激烈的合成作用之后会再度回归宇宙整体。那么，要为死亡所做的准备其实就跟从事哲学没什么两样。哲学的目标是要越来越能够遵照理性过活，在斯多葛学派的解释下，就是使自己的意识契合于宇宙万物间无所不在的意识，等你死的时候，意识就会发散融入宇宙。这种体验会像是一滴酒消散于大海之中。

第三种反思又采取不同的思路。前苏格拉底时期的哲学家德谟克利特是这条思路的开创性人物。他认为我们死后最有可能发生的情况是彻底分解，这就很像当代观点，死亡就是终点，死了之后什么也没有。

这种见解源自德谟克利特原子论的自然观：一切事物是由微小、不可分割的粒子构成。有生命的事物（包括人类在内）是由某种特殊的原子赋予生命，那就是"灵魂原子"（Soul Atoms）。然而，灵魂原子跟无生命的原子一样，同样受到分解法则的支配。因而，死亡的时候，身体就失去了使错综复杂的原子聚合在一起的力量，这种聚合力就是他所定义的活着。灵魂原子肯定会四散而飞，就跟肉体能见的分解没两样。

"凡人终将分解。"就是德谟克利特对我们的命运所下的结论。事实上，在死亡之前也有证据能够显示死亡的结果会是分解，毕竟老年之后，肉体开始衰老就是因为原子的崩解。"上了年纪会一整个衰老。"德谟克利特接着这么说。那该怎么办？勇敢一点，别害怕！分解是自然现象。"人类似乎因为爱好生命而抗拒思考死亡，但是这种爱好是源自对死亡的恐惧，而非享受人生。"他是这么推论的。

至于追随德谟克利特原子论的伊壁鸠鲁主义者大大推广了这条思路。不害怕死亡是他们追求美好人生的四条原则之一，另外几条分别是：不畏诸神、意识到自己真正需要的事物其实唾手可得、其实疼痛往往比自己的预期容易忍受。

就死亡这个终极问题而言，德谟克利特也称得上是某种"准科学"研究途径的关键人物。据说他曾考证过"被认定死亡却又活过来的人"的经历；他大概认为这类经历的证据都模棱两可。然而，有其他人对此感兴趣，试图从那些显然死而复生的人身上取得证词，想借此明白人类咽下最后一口气之后到底会发生什么事。他们收集了濒死经验者的说法，和少数幸存者一起留下了相当有趣的资料。

柏拉图的《理想国》中就有一段死而复生的故事非常具戏剧性。这是一位勇敢的男人潘菲利亚人艾尔（Er the Pamphylian）的故事。艾尔是士兵，于大战战死后被弃尸留在战场，还没收尸前，他的"尸体"就这样搁置了十天。等到有人来收尸才发现这副躯体还没腐烂，尽管如此，又过了两天之后，大家准备好进行火葬。然而艾尔的生死状态却变得悬而未决，而且就在无可挽回的火化前一刻，他奇迹般复活了；已经从身体分离出去的灵魂又重新归位，于是他就讲述在另一个世界的见闻。

他回忆了地底有着草原、彩虹、阳光的入口，刚死之人徘徊着，因灵魂转世的判决而苦恼地大哭或欣喜地道贺。艾尔得知他的使命是担任信使，回到地上将所见所闻告诉其他人。柏拉图提起这则故事或神话，是因为他认为这则故事符合他对死后世界的观点。《理想国》中发挥这段证词时，很可能最令柏拉图感兴趣的是"死者都会受到审判"。

普鲁塔克（Plutarch）记载了另一则类似的传闻。梭利的萨斯佩希（Thespesius of Soli）本来显然因头部遭到重击而死，不过三天后，他又在丧礼上苏醒了：

他看到前所未见的场景：眼前的星星巨大无比，彼此间的距离极为遥远，众星投射出强大的光芒、不可思议的色彩，于是灵魂就由这些光线温柔而轻巧地运送出去，就像平静的海面上航行的船只，迅速地移动到各自的目的地。

古时的濒死经验相当具有争议性，至今依然如此。如今还有个正在测试濒死经验的实验，是在医院中最有可能发生这种情况的房间天花板上放置隐藏图片，一旦接获濒死经验出现的通知，有人就会去询问濒死经验者是否有看到隐藏的图片，看到的话请答出来。虽然我推测这个实验不能解决任何问题，不过看看科学家们的结论还是相当有趣。

尽管如此，理性思考还是能帮得上忙。这位服毒芹而死的哲人就是借着理性思考塑造出自己的处世态度。那么，历史中的苏格拉底对死亡的结论究竟为何？

关于这个问题的答案莫衷一是。学界一般认为苏格拉底一定相信灵魂不朽，应该会认为灵魂是栖息在身体之中，而且赋予身体能动性的生命之力。一旦灵魂离开了，身体就仅仅是肉块——这能用来解释为何苏格拉底要他的追随者别为他举行任何丧礼仪式。灵魂将会继续下一段来世，至于来世会受到塔尔塔罗斯（Tartarus）①的诅咒还是祝福，只有诸神才知道。

然而，若是更仔细研究这些柏拉图文本中的苏格拉底，会发现讨论死亡的这些观点多半是来自于柏拉图；至于苏格拉底，他对于人类的不朽性是抱持着不可知的态度。柏拉图对话录中最接近苏格拉底观点的一篇应该是《申辩篇》，其中的苏格拉底自称

①希腊神话的原始冥神，位居冥界最底层。

对死亡的知识不具权威，多数是顺着众人的说法；有人说死后的永生比现世还好，也有人说死后的命运其实更糟，他不得不归结自己对死亡是无知的。此外，有限的生命中还有许多事值得更清楚地掌握，在当下活得更好尤为要紧。事实上，如果能处理好这些事，死亡的问题也会变得容易应付。苏格拉底本人似乎就是实例，因为他很清楚自己并不害怕死亡。

就在临终的那天，苏格拉底询问他那些前来拜访的朋友，要不要猜猜看今天谁会过得比较好呢？这个举动就是很讽刺地证实了他对死亡持不可知论的倾向。朋友们不得不为痛失他而哀悼，然而，死到临头的苏格拉底自认为死亡至少是场冒险。这黑色幽默的场面是如此生动，使我感到确实像是苏格拉底会开的玩笑。

苏格拉底的观点还能够加以延伸，即使他很肯定自己什么都不知道，依然能够对死后的状态抱持希望，而且这种希望似乎转向了永生的那一面。他的主张如下：

首先，某些人把死亡当成是可能会降临的大难，像他们那样害怕死亡其实毫无道理可言。因为，如果没有人真的知道死后会发生什么事，那么害怕死亡其实就是在害怕自己的臆测而已。"不过人们却像是知道死亡就是终极大难临头似地害怕。"那是一种未曾证实的臆测，在死亡的情况下，也没有机会证实。因此这种恐惧毫无根据。

其次，如果说死亡就是终结，那么也可以想象成无梦的睡眠。在生活中，度过无梦的一夜通常就是指"睡了一夜好觉"。因此，就这种情况来说，死亡也可以称得上是好事。

最后，如果死亡不是终结，那么苏格拉底的结论是：死亡值得期待。原因在于他的一生已经致力于照顾好自己的灵魂，这也是哲学对他的意义——摆脱假象、深化自我认识、追求生活中的美好。

其实他强烈地感受到哲学是获得神性认可的活动，因为对人类而言，追求美好人生的最佳策略就是哲学。苏格拉底认为，如果你能寻求正确的生活方式，就能品尝甚至是能体现生活中的美好。因此，他深信让自己的灵魂处于最佳状态也许就是为了死亡。进一步来说，如果他死后还活着，想必是能够和自己类似的人在一起相处，就跟活着时候一样，继续相同的活动，也就是对话交流，只不过现在会是和伟大的法官、诗人、英雄在一起，他自称这会为他带来"无与伦比的快乐"。因此，虽然其他选项并不差，但他期盼得到他认定的最好结局。

有限的生命向来都无法肯定死后将会如何，因而他抱持着不可知论。但是，就算这个问题无法得到明确的答案，接受这一种心态上带有矛盾的立场也颇有价值，不需要被迫以任何一种方式解决这个问题。这促成了古代哲学家对于死亡问题得出了另一种相当普遍的反思，那就是死亡对于当下所过的人生有什么重要的意义。

死亡向来都是哲学家们感兴趣的问题，不单是因为他们感到必须去探索未来可能发生的事。死亡作为人生的终极事实，必然是人生的关键要素，甚至还被哲学家发展成任何人生实践的决定性要素。"从事哲学就是学习面对死亡"是常见的标语。马可·奥勒留（Marcus Aurelius）强调的则略有不同："把自己当作离世前一刻般行动、发言及思考。"这听起来很阴沉，但是这种做法并不会导致忧郁。伊壁鸠鲁的建议是："每天都面对死亡就不会有卑鄙的想法和过度的欲望。"塞内卡也描绘了面对死亡的积极意义：

> 每晚入睡之前，以愉快的心情对自己说："我还没死；我完成了命运所安排好的旅程。"如果上帝允许我们隔天也过得一样顺利，就愉快接受。能够无忧无虑地迎接明日的人，拥有安稳的自我，也

最为快乐。任何人每天起床时说"我还没死",就能获得难以估计的财富。

对死亡进行沉思也是一种解脱,这是去面对每个灵魂潜藏的恐惧,正面凝视着死亡,这种恐惧就有可能解除。在这样的过程中,有着出乎意料的反馈:能够使人把关注焦点转回对人生的礼赞。早期的基督徒也采用了这种互动反馈。圣安东尼对他的门徒说:"每天都将以死的态度活着。"圣安东尼并不是被死亡所困扰,他其实很了解人生。

我们可以从他人面临死亡威胁后的描述中得到某种启发,从那些恐怖的经历中发现之前未尝得知的善性。弗雷德里克·伯纳姆(Fred Burnham)在"9·11 事件"中差点就死了,他提供了这样的证言。他当时被困在双塔附近的建筑物底下,发现自己呼吸逐渐变得困难。经过计算之后,他发现大概只能再呼吸 15 分钟,于是意识到自己将会死去。

伯纳姆当时和其他人在一起,而且他们突然间感受到相亲相爱的一体感。因此他体会到了面对死亡的自由:

毫无恐惧。这是我第一次发现自己并不害怕死亡,而且还彻底改变了我的人生。我的体验是,我那个时刻的每一次呼吸,都已经和过去截然不同。那转变性的时刻,发现自己无惧于死亡,能够彻底转化你的人生。

这份记叙来自鲁伯特·沙特(Rupert Shortt)为坎特伯雷大主教罗云·威廉斯(Rowan Williams)所写的传记《罗云的准则》(*Rowan's Rule*)——其中一位和伯纳姆在一起的人就是威廉斯博士。

隔天，这位主教就这次的经历进行布道，用以下这种方式分析面对死亡的自由：

> 在我看来，当我们死到临头，面对的死亡可能性变得真实而具体，立即就要迎接死亡为我带来最严峻的挑战，我们如此想着自己的境遇。我们陷入一种完全无法思考未来的处境。

面对死亡就是见到人生终点迎面而来，突然间就没有未来可言。生命的终结会迫使自己以截然不同的方式思考人生的价值。多数人的习惯都是活在未来、为了未来而活、受到未来的压迫。受到佛教的启发，威廉斯认为，一旦未来的牵挂散去，心头还留下一切就是慈悲，就像开启了新的道德场域，里头充满了宁静、喜悦和同情。这一切并非说死亡体验并不恐怖，更不用说想要用它来减轻"9·11事件"或其他大难所引发的真实恐惧，无分大小都减轻不了。情况远非如此，死亡是真实的，再真实不过了。然而，正是死亡那冷酷无情的特性才造就了能够重塑人生的重大机遇。也许这就是伯纳姆所体会到的转化。也许这就是古代哲学家选择对死亡进行沉思所要追求的效果。

"人难免一死"之所以受到古代哲学家的瞩目，还有另一个关键原因，这个关键跟生存感比较无关，却更有思辨性。对多数古代哲学家而言，想要具备能够"视宇宙万物为一体"的宇宙性观点，其获得条件与死亡息息相关。这种观点相当有价值，因为这是获得一种看待自我及人生的适当方式，尤其是从中体会到自我的渺小。无关乎你对死亡本身的看法如何，这种想象力的奔放都是可取的，而且极具启发性。认为死亡根本没什么大不了的伊壁鸠鲁主义者卢克莱修，仍然会寻求永恒的冥想：

由于宇宙空间远远超出了世界的边界，无垠无涯，我们的心灵也会在这无垠无涯中进行试探，从中肆意观望，心灵的思维能够自由翱翔。

这种制高点的视角在琉善的故事中表现得淋漓尽致，这篇故事名为《天空之人》（*Icaromenippus*），以幽默的犬儒思想家梅尼普斯为主要角色。故事中的梅尼普斯意识到多数哲学的麻烦，在于其追求的目标属于那些双脚根本离不开地面的凡人。因此，虽然他们自己宣扬了某些主张，他们其实：

> 眼光并没有比邻人更锐利，因年岁增长或惰性使然，某些人甚至目光如豆；然而他们自称辨别得出天空的界限，能够度量太阳的周长、在月球上漫步，能够像星星坠落到面前般具体说明它们的形状大小。

梅尼普斯认定自己需要一双翅膀，于是就动手打造。他试飞了几次，有几次飞得够高之后，就一路飞上了月亮。他回头望向大地，看到占据多数男女心思的事物是多么微不足道。他得到一种宇宙性的视角，更为客观地看待万物：

> 你肯定经常看到蚂蚁的社群，有些挤成一团，有些出外探索，有些正要回家。某一只正在拾荒，另一只辛勤的脚夫正搬着豆荚或是半粒麦种。不用说，在小至蚂蚁般的规模中肯定也有建筑师和政治家，还有地方官、作曲家、哲学家。无论如何，众人和城市在我眼里就跟蚁丘没什么差别。

这种感悟是哲学的慰藉之一，也是与科学相关的慰藉。这种自由源自认识到自己在某种意义上根本无足轻重；无穷的时光先于自我的存在，在自我之后仍永垂不朽。这种感悟与个人主义者（Individualist）以自我为中心的人生以及唯我论者（Solipsist）急遽涌现的焦虑正好相反。因为对唯我论者而言，意义只存在一处，那就是他们的自我，就整体而言，实在相当狭隘。

那么，古代哲学家，尤其是苏格拉底，他们会如何建议我们？用海德格尔（Heidegger）的概念来说，作为"向死而生"（Being Towards Death）的人类，能追求的是何种思想？他们会给出何种教诲劝诱人们接受这苦乐参半的现实？

首先，必须恰如其分地看待死亡，事实上，死亡的确很真实。这建议听起来也许有点奇怪，尤其是听在那些正面对死亡的人耳里。然而，由于死亡有个反常的特性，因此这个实践相当重要——在生活中不可能体验自己的死亡。你也许可以暗示自己，尤其是透过其他人惨死的悲哀——尽管心理学家会说：哀悼的部分沉痛是由于你难过地意识到自己还得活下去；这正是大家在重大灾难中幸存需要勇气的原因。维特根斯坦（Wittgenstein）有句名言是："死亡不是生命中的事件，不是经验得到的事实。"不过，审慎地思考后把死亡当成现实，是一种突破僵局的调解手段。

找些小地方尝试会是明智的决定，古人在许多出乎意料的场合找到表现的机会。以逻辑为例，亚里士多德以逻辑分析闻名，他确实也是第一位整合逻辑系统的哲学家。逻辑乍看之下就是枯燥乏味的主题，与变化无常的人生相距甚远。然而，亚里士多德知名的"三段论"（syllogism）——如何从两个前提推导出有效的结论却永远都和死亡的实践扯上关系。我不知道最先提出这个例子的人是谁，但这就是一贯的标准范例："所有人都会死，苏格拉底是人，所以苏格拉底会死。"在这种小地方提醒我们，人生中存在死亡。

第二种锻炼方式就比较有对抗性，适用于那些某种意义下对死亡场面已经习惯的人。这是要透过沉思，想象生命接近死亡，试着用心灵的双眼直视死亡。遵循这种做法会有两种我们讨论过的好处：其一，关注当下；其二，死亡会变得不那么令人却步。

会产生这种感受的根本原因在于，在沉思中设想自己濒临死亡就是去意识到自己的生命有限，知道自己终将一死——这是个能让人解脱的真相。即便你相信死后还有某种人生要过，这最根本的真理依旧存在——人类就是一种迈向死亡的存在。无论死后还会发生什么，你对死亡的看法就是人生的关键问题。即使你达到了毫无作为的地步，依然必须度过这段人生。单纯地用拒绝或自满的态度毫不思索，并不算是在面对死亡。最矛盾的是，即使你理智上并不相信灵魂不朽，还是要像不朽的生命般活下去。

基于这种实践的结果，古代哲学家们得出了不同的结论。马可·奥勒留偶尔会正面注视着死亡，从中辨识出一种自然过程。身为斯多葛主义者，他认为这么做是好的，在他眼里，承认死亡的必然性并不是宿命论，而是使自己契合于能够信赖的自然循环：

思考死亡究竟为何物；而且，如果一个人能够深入地探究死亡，着眼于死亡本身，仔细分析常见的死亡概念，化解与死亡相关的诸多想象，如此一来，他就不会妄加推测，从而认知到死亡其实不过就是自然的一环。

西塞罗也进行了类似的实践，不过他解析出不同的想法。他的反思使他认识到有一种人生空虚，是试图以世俗的成就战胜死亡。相当讽刺的是，这就是他最熟悉的世俗生活。他花了大半辈子的时间，致力于要成功取得古罗马共和末期的政治权力。既然我们至今仍在读他的著作，或许你会认为这种做法至少就某种程度而言是行得通的。然而，他的论点并不是在说人生不应该追求成就，问题在于：你要选择的是什么样的成就。西塞罗的体会是，只有当对死亡及自身的存在有了确切的觉悟时，才能做出正确的选择。当他意识到在罗马进行的这场赌局的意义之后，就发展出这种认知。于是他动身去了乡下的屋子，其实是在等死，结果就发展出他最棒的哲学思想：

> 他们最沉痛的折磨莫过于此——他们发现自己对金钱、权力、荣誉的渴望徒劳无功；因为就算他们再怎么殷切期盼，努力不懈去获得这些事物，也未曾因此带来一丝愉悦。

第三种实践死亡的方式最为精妙，很有可能是苏格拉底本人的做法，描述起来也很简单。他自己期盼着死亡，若说他不确定死亡是怎么回事，那就把灵魂从身体分离出去。接下来的做法就是把灵魂的分离视为真实地付诸实践，看看这种探索能够带来什么。至于如何能做到这一点？一言以蔽之，冥想。

这种实践方法的第一位提倡者很可能是前苏格拉底哲学家巴曼尼德斯（Parmenides）。以下是很有争议的说法，但是根据学者彼得·金斯利（Peter Kingsley）的主张，巴曼尼德斯是巫师（iatromantis），也是治疗师先知（Healer-prophet），会实行"神鬼入梦"（incubation）的仪式——这是身体和心灵的静止，以便进入一切实有那浑然为一、不可区分的寂静状态。在古代的医院，也就是阿斯克里皮乌斯的神殿中，他们会以诱导病患进入深层睡眠的方式进行治疗。巴曼尼德斯似乎认为这种实践方式对治疗疾病有用，对生命和死亡本身也有益处。

根据金斯利的研究，巴曼尼德斯发展了"神鬼入梦"的技术，因此这种状态成为一种"死前之死"（Death Before Death）。巴曼尼德斯唯一留存至今的文本是一首诗，描述了"死前之死"所产生的经验。这首诗讲述的是一段前往女神住所的旅程：他在赫利俄斯（Helios）①之女的引导下，驾驭着由一队母马所拉着的战车，穿过"神圣的遥远传说之路"，抵达黑夜之厅。巴曼尼德斯接着说：

> 女神和蔼地接待我，她伸手握住我的右手，朝着我如此说道："噢，乘着不朽的战车来到本厅堂的年轻人，欢迎你，因为命运送你踏上这段旅程绝无坏处。"

这相当不可思议，至少可谓想象力极为丰富。巴曼尼德斯前往了审判席，那是不朽之灵的栖息之处，也是死者之魂移居的地方。他那与身体分离的灵魂"存活"了下来，又"回归"人世讲述以上经历。

当然，我们不可能知道如何进行这段神秘的旅程，其相关文字叙述对如今的我们而言几乎是晦涩不可解。然而，很幸运的是，柏拉图留下了一段相关说明以及更容易理解的实践方法。此外，他还说这种方法受到苏格拉底青睐。

看来苏格拉底热切地透过冥想来亲近死亡。柏拉图在数篇不同的对话录描述了这种实践做法。以下这段来自《斐多篇》：

> 做法就是尽可能使灵魂和身体分离，习惯于抛下身体的一切知

①古希腊神话中的太阳神。

觉，使灵魂本身达成自我集中，尽可能稳定下来，无论现在还是未来，灵魂本身就永远免于身体的束缚。

现在，这种叙述的清晰程度大概会被认为跟混浊的泥泞没两样。然而，苏格拉底似乎能够体现、掌握这种经验，当然是在体现这种做法的情况下。就这个意义而言，这是一种极具想象力的灵魂抽离。另一段引文继续发展这种思想：

当灵魂能够免于一切会分神的情况，例如听觉、视觉、痛苦、愉悦等各式各样的干扰，就会处于最佳的观照状态。也就是说，当灵魂忽视了身体，尽可能达到独立的姿态，避免一切身体知觉和相关反应，处于探究实有的状态，身体对我们的探究造成了侵扰、中断、扰乱、分散我们的注意力，让我们无法窥见真理。

此时的关键在于如何处理"身体的侵扰"，一般会认为这种实践的目标是免于一切干扰，也就是对身体的某种否定，这其实也是当今众多学者的结论。然而，虽然苏格拉底以某种方式超离了自我，使心灵自由翱翔，用卢克莱修的说法，以宇宙式的视角观照一切——但苏格拉底之所以能达成这种状态，所凭借的方法其实是关注自己的身体。唯有当你意识到这些身体的阻碍、混乱、干扰，才能把它们都放到一旁；这不是因为它们停止作用了，而是因为你已经充分意识到它们。如果你只是单纯地无视身体的作用，反而会被它主导。换言之，这个实践的第一步是把注意力转向身体，使身体成为冥想的主要目标。无论如何，随着对身体的掌握，结果将迎来极为不同的体验。

对身体实行冥想的方法是寂然不动，这会联系到巴曼尼德斯。

再度强调，这种方法并非否定身体，反而是要关注身体。如果你未曾尝试过，就试试看吧！即便是维持少数几分钟的静止姿态也会使你警觉到身上有各式各样的刺痛、隐痛、咕噜作响的毛病，而这些毛病通常隐而未现。

苏格拉底显然会实行这种冥想，有众多相关记载流传至今，此外，他还相当擅长木然不动数小时，而非只是几分钟。以下是一份奥卢斯·格利乌斯（Aulus Gellius）于《阿提卡之夜》（*Attic Nights*）中的记录。其叙述内容基于另一个来源，即柏拉图的《会饮篇》：

为了能够强健体魄，不放过任何机会去锻炼耐力的自发性任务和训练，我们从中得知苏格拉底还习惯进行这样的实践：他一开始就站着，事情就是这样，以固定的姿势站了一天一夜，从破晓站到日落，张着眼睛，一动也不动。从他的表情、眼神固定在同一点等种种迹象来看，他处于深层的冥想，就像是他的心灵和灵魂就这样脱离了肉体。

我想，就算在翻译正确的情况下，这个修炼中的"一动也不动"还是很容易遭到误解。举例来说，我怀疑色诺芬误把本质上的精神性修炼和纯粹的坚毅混为一谈。在色诺芬眼里，苏格拉底是这样：

就苏格拉底的性欲和其他欲望的表现来看，他是最有自制力的男人；而且他最能够承受酷寒、炎热或各种艰苦；最后，他的自我训练相当完善，需求相当节制，因此得到些微的财产也很容易满足。

色诺芬显然没能理解的是，这种自我控制并非本身就值得赞许，而是要作为面对死亡的准备才有意义。

同样地，把苏格拉底视为禁欲主义者也是错误的看法。柏拉图试着透过他描绘苏格拉底的手法来降低这种误解。例如在《会饮篇》，那个酒宴的故事中，苏格拉底就和所有宾客一起饮酒。此外，他们还谈到苏格拉底有多么能喝。到了当晚结束其实即将迎来隔天清晨时，苏格拉底是唯一还没睡倒的人。这篇对话的结尾是，苏格拉底于破晓时离去，显然喝了这么久也完全没醉，一如往常地迎接新的一天。

　　重点在于，这位哲人苏格拉底充分地享受了身体上的愉悦，他并没有否定身体的一切，而是看透了身体的作用。其他任何背景都无法更清楚地感知到人类是如何迈向死亡。

　　冥想在柏拉图的学院成为代代相传的实践法门。第欧根尼说柏拉图的后继者色诺克拉底"一天之中会多次闭关修炼，也就是说，静默整整一个小时"。这样的实践使他"完全免于骄傲"，第欧根尼是如此评述。色诺克拉底的后继者帕勒蒙（Polemo）也有类似的习惯。

　　因此，可以看出苏格拉底为死亡留下的相关信息相当简单明了，单纯到无以复加。无论你领会了什么，无论你对死后生命的观点为何，无论如何，你都会感受到那身体与灵魂间的紧密连接终将结束。入地腐朽，飞升入天。这是永存的问题：在此生之中，你要如何理解死亡的现实性？挑选一种实践方式，苏格拉底推荐把哲学当成生活方式。请务必实践其中一种。为什么呢？因为透过对死亡的沉思能够产生人生指引，而且，就是对当下、现在的人生有效。毕竟，又有谁知道身后之事呢？